彩图1　新型不锈钢台面

新型的不锈钢制作的台面采用了进口不锈钢板材及新的加工技术，台面坚固、方便清洗、实用，并且美观气派。

彩图2　防火板门板厨柜1

彩图3　防火板门板厨柜2

防火板表面装饰品种丰富，而且具有耐磨、耐刮、抗渗透、易清洁等诸多优点，因此符合厨柜使用要求，适应厨房内特殊环境，更迎合厨柜“美观实用”相结合的发展趋势。

彩图4　PVC吸塑模压门板厨柜1

彩图5　PVC吸塑模压门板厨柜2

PVC吸塑模压门板表面包覆了仿真印刷的PVC薄膜，该薄膜可以仿制各类花纹，此类门板品质由选择的薄膜品质而定。质量好的薄膜能较好地解决基材抗潮湿的问题。PVC吸塑模压门板边缘和门形可做成任意形状，这类门板配合镶嵌在箱体上的拉手时效果尤佳。

彩图 6　烤漆门板厨柜 1

彩图 7　烤漆门板厨柜 2

烤漆门板色彩丰富、颜色丰满度好、亮度高低可调、光泽持久、层次感强、附着力大、耐污染易清洁、硬度较高，但不能被硬物和利器划碰，否则容易留下痕迹，影响表面的亮丽度，磕碰后无法修复。

彩图8　实木门板厨柜1

彩图9　实木门板厨柜2

实木门板由天然木材拼接加工而成，利用木材的天然纹理和木色来表现自然美感，充分体现厨柜的高贵，设计风格多为古典型。并且木材天然环保，甲醛的释放量几乎等于零。但木材若在加工的过程中干燥处理不好，则容易产生变形、裂缝等情况。

彩图 10　冷色调（蓝色）厨柜

图中地柜是冷调蓝色，蓝色是最凉快的色彩，有明朗和凉爽的感觉，配合灰色的边框，冷暖对比，使环境显得清爽、淡雅。

彩图 11　白色和金属色的厨柜

图中厨柜色彩由白色和不锈钢的金属色组成，搭配橙色灯光，给人温馨、柔润的感觉，并且橙色能引起人的食欲。

彩图 12　由黑色和白色组合而成的厨柜

图中厨柜色彩由黑色和白色组成，黑色是没有纯度的颜色，本身非常大气、稳重，白色洁白明亮，黑与白产生强烈的视觉冲突，使得这组厨柜显得非常豪华和品质优良。

彩图 13　大块面白色和金属色组合而成的厨柜

图中厨柜色彩由大块面的白色和金属色组合而成，给人明快、洁净的视觉感受。金属的特殊质感冰冷、前卫，带来高科技、超现实主义的风格。

彩图 14　由红色和黑色组成的厨柜

图中厨柜的色彩由红色和黑色组成，红色纯度很高，让人感觉充满热情，黑色给人深沉、稳重的感觉，红色搭配黑色，突出了艺术性，明快且宁静。

彩图 15　由红色和白色组成的厨柜

图中厨柜的颜色由红色和白色组成，这是一对相当夺目的颜色组合，两者对比更突出白色，显得洁白、明快，给人喜气洋洋的感觉。

彩图 16　枫木色的厨柜

图中厨柜色彩是枫木色，门板面材有自然的木材纹理，原木给人自然、亲切的感觉。

彩图 17　柚木色的厨柜

图中厨柜色彩是柚木色，搭配绿色背景，绿色对生理、心理作用都极为温和，与木纹色搭配，更显得厨房的自然、新鲜和宁静。

彩图 18　简约式风格

该风格的特点是简洁、明快。造型上摒弃杂乱的线角，直线居多，力求用最简洁的语言表现空间。材质上常以木质材料、木质复合材料与合成高分子树脂材料等高科技材料为主要基材，营造较强的时代感和现代气息。禁忌杂乱的色彩，大多趋于淡色，套色采用互为邻近色，或互为对比色，甚至采用黑与白。

彩图 19　古典式风格

该风格的特点是追求古典意韵，造型极具装饰感，注意整体与细节的修饰，强调门饰的线形与五金配件的统一。材质上利用丰富的线角及金属饰件（如铜件、铁艺等）、并用各种实木、装饰玻璃与石材来丰富厨柜与空间界面。色彩上多采用优雅的咖啡色、奶黄色等暖色系。

彩图 20　田园式风格

造型自然、温馨、朴素。常用原木效果的厨柜，墙、地面也常用陶砖、木质地板、防水壁纸、耐火砖等贴近自然的材料。乡土气息的色彩使人感到清爽，色彩大多采用亲和力极强的暖色系。

彩图 21　前卫式风格

表现冷酷、机械、梦幻，甚至怪异的美感，造型上比较夸张。金属、玻璃、马赛克、新材料，甚至原始的水泥界面都可以成为设计的材质，从中体现出材料自身的美感。色彩以冷色系为主，间或在整体的灰、黑、白中穿插局部的艳丽色彩，充分表现自我。

彩图 22　厨柜效果图

本书厨柜制图案例的效果图，要求根据此图用 AutoCAD 绘制对应的平面图、立面图和台面图以及用 3ds max 绘制三维效果图。

彩图 23　初步效果图

用 3ds max 绘制的初步效果图，经过渲染，图中色调偏冷色。

彩图 24　用色彩平衡功能调节后的效果图

用 Photoshop 的色彩平衡功能调节后的效果图，去除了原图中的青色和绿色。

彩图 25　进行过高斯模糊、扩散亮光和柔光处理后的效果图

用 Photoshop 进行高斯模糊、扩散亮光和柔光处理后的效果图，调整后图像在色彩及图形轮廓方面，都有较大改观。

彩图 26　合并各图后的效果图

用 Photoshop 处理后最终效果图，与彩图 24 相比，其画面更清晰、色彩更饱和。

职业技术 · 职业资格培训教材

厨柜设计与制作技术

主　编　蔡沪建
编　者　秦　丽　蒋志平
主　审　刘　峰　邓翠平

中国劳动社会保障出版社

图书在版编目(CIP)数据

厨柜设计与制作技术/蔡沪建主编. —北京：中国劳动社会保障出版社，2006
职业技术·职业资格培训教材
ISBN 978-7-5045-5848-0

Ⅰ.厨… Ⅱ.蔡… Ⅲ.①厨房-家具-设计 ②厨房-家具-制作 Ⅳ.TS664

中国版本图书馆 CIP 数据核字(2006)第 115095 号

中国劳动社会保障出版社出版发行
(北京市惠新东街 1 号 邮政编码：100029)
出 版 人：张梦欣

*

北京宏伟双华印刷有限公司印刷装订 新华书店经销
787 毫米×1092 毫米 16 开本 9.5 印张 6 彩插 193 千字
2007 年 4 月第 1 版 2017 年 9 月第 9 次印刷
定价：28.00 元（含光盘）
读者服务部电话：(010) 64929211/64921644/84626437
营销部电话：(010) 64961894
出版社网址：http://www.class.com.cn

内容简介

本教材由劳动和社会保障部教材办公室、上海市职业培训指导中心依据上海1+X职业技能鉴定考核细目——厨柜设计与制作技术（模块）组织编写。本教材从强化培养操作技能，掌握一门实用技术的角度出发，较好地体现了本职业当前最新的实用知识与操作技术，对于提高从业人员基本素质，掌握厨柜设计与制作技术的核心知识与技能有很好的帮助和指导作用。

本教材在编写中根据本职业的工作特点，以能力培养为根本出发点，采用模块化的编写方式。全书分为五个单元，主要内容包括：厨柜行业概述、厨柜基础知识、厨柜设计基础、厨柜设计实务、厨柜制作与安装基础。

为方便读者掌握所学知识与技能，每单元后附有单元测试题及答案，全书最后附有知识考核模拟试卷和技能考核模拟试卷，供读者巩固、检验学习效果时参考使用。

本教材可作为厨柜设计与制作技术（模块）职业技能培训与鉴定考核教材，也可供中、高等职业技术院校相关专业师生，以及相关从业人员参加岗位培训、就业培训使用。

前　言

职业资格证书制度的推行，对广大劳动者系统地学习相关职业的知识和技能，提高就业能力、工作能力和职业转换能力有着重要的作用和意义，也为企业合理用工以及劳动者自主择业提供了依据。

随着我国科技进步、产业结构调整以及市场经济的不断发展，特别是加入世界贸易组织以后，各种新兴职业不断涌现，传统职业的知识和技术也愈来愈多地融进当代新知识、新技术、新工艺的内容。为适应新形势的发展，优化劳动力素质，上海市劳动和社会保障局在提升职业标准、完善技能鉴定方面做了积极的探索和尝试，推出了1+X的鉴定考核细目和题库。1+X中的1代表国家职业标准和鉴定题库，X是为适应上海市经济发展的需要，对职业标准和题库进行的提升，包括增加了职业标准未覆盖的职业，也包括对传统职业的知识和技能要求的提高。

上海市职业标准的提升和1+X的鉴定模式，得到了国家劳动和社会保障部领导的肯定。为配合上海市开展的1+X鉴定考核与培训的需要，劳动和社会保障部教材办公室、上海市职业培训指导中心联合组织有关方面的专家、技术人员共同编写了职业技术·职业资格培训系列教材。

职业技术·职业资格培训教材严格按照1+X鉴定考核细目进行编写，教材内容充分反映了当前从事职业活动所需要的最新核心知识与技能，较好地体现了科学性、先进性与超前性。聘请编写1+X鉴定考核细目的专家，以及相关行业的专家参与教材的编审工作，保证了教材与鉴定考核细目和题库的紧密衔接。

职业技术·职业资格培训教材突出了适应职业技能培训的特色，按等级、分模块单元的编写模式，使学员通过学习与培训，不仅能够有助于通过鉴定考核，而且能够有针对性地系统学习，真正掌握本职业的实用技术与操作技能，从而实现我会做什么，而不只是我懂什么。每个模块单元所附单元测试题和答案用于检验学习效果，教材后附本级别的知识考核模拟试卷和技能考核模拟试卷，使受培训者巩固提高所学知识与技能。

本教材虽结合上海市对职业标准的提升而开发，适用于上海市职业培训和职业资格鉴定考核，同时，也可为全国其他省市开展新职业、新技术职业培训和鉴定考核提供借鉴或参考。

新教材的编写是一项探索性工作，由于时间紧迫，不足之处在所难免，欢迎各使用单位及个人对教材提出宝贵意见和建议，以便教材修订时补充更正。

劳动和社会保障部教材办公室
上海市职业培训指导中心

目　录

第5单元 厨柜制作与安装基础

1

第 1 单元

厨柜行业概述

引 导 语

现代厨柜在欧美发达国家已非常普及，占国际家具市场的份额比例较大。厨柜是与现代居室配套的家具，也是家庭生活现代化的一个重要标志。国内厨柜业的兴起和发展只有短短的十几年时间。虽然我国厨柜业的发展还处于启蒙阶段，但是，我国房地产业的发展，必将带动厨柜这一新兴产业的蓬勃发展。

本单元重点介绍国内、国外厨柜行业目前的发展状况，分析我国目前厨柜发展的主要问题及未来的发展趋势。

1.1 厨柜行业发展状况

1.1.1 国外厨柜行业发展基本状况

厨房对于现代家庭，已经不单单是烧菜做饭的场所了，还是一种生活态度的体现。西方社会就把厨房和卫生间作为衡量生活质量高低的重要标准。有调查显示，西方社会中，在居室装饰上，无论造价还是用材，厨房所占比重最大。

据意大利权威机构统计，目前每年大约有 2 000 万个家庭需要更换他们的厨柜，全球厨具市场的销售额约为 270 亿欧元，其中 82 亿为欧洲消费，83 亿为美国消费，45 亿为日本消费（见图 1—1），剩余的 60 亿为世界其他国家消费。德国、意大利、英国、法国和西班牙是欧洲最大的 5 个厨柜生产制造国，按目前的销售额来估算，约占欧洲的 81.5%，其中德国和意大利就提供了欧洲厨柜的 56%。就产量而言，这 5 个国家的总产量约占欧洲总产量的 80.8%（1999 年为 81.1%），而德国和意大利两国就提供全欧洲厨柜的 45.5%（1999 年为 40.1%）。

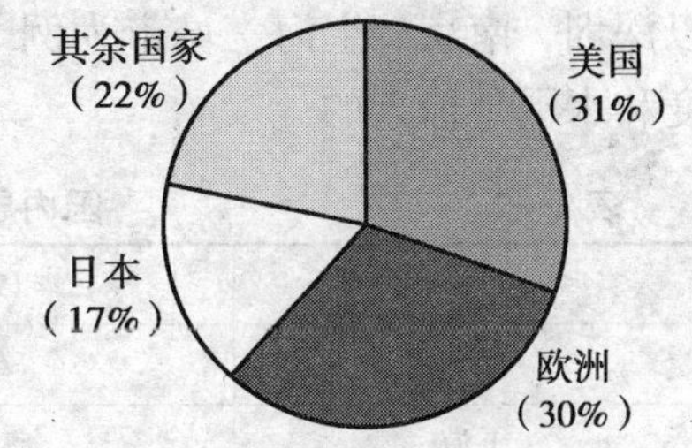

图 1—1 全球厨具市场各国消费比重

在美国，厨柜不属于家具业的范畴，这是因为在一般情况下，消费者在购房或租房时，里面已经安装好厨柜了。美国厨柜市场可分为新装和改装两大类。所谓改装，就是在不改变原结构的情况下，更换原来已有的厨柜。目前，美国厨柜行业的制造厂商大约 4 300 家，雇工人数超过 63 000 人，其前 25 家厂商的产值占总产值的 50%左右，70%以上的产品均提供当地市场。

目前在欧美市场上，一些主要厨柜生产国已经形成了各自独特的设计风格（见表 1—1）。

表 1—1 主要厨柜生产国的设计风格

国家或地区	厨柜设计风格
德国	稳重大气，注重细节，体现厨柜的功能
意大利	具有时代气息，引领时尚潮流
法国	浪漫，注重色彩的运用
日本	小而精，推崇小型化和标准化
北欧国家（瑞典、芬兰、丹麦）	朴素自然、简洁明确、功能实用、美感创新和以人为本

1.1.2 我国厨柜行业发展基本状况

1. 我国厨柜行业发展现状及问题

我国的厨柜行业在这短短十几年的发展过程中经历了三次革命性的变化。第一次变化发生在20世纪80年代末，我国引进了3条分体式不锈钢厨柜生产线，初步形成分体式不锈钢厨柜批量生产，使我国的厨房开始告别以三角灶为主的时代；第二次变化发生在90年代初，受邓小平同志南巡讲话的推动，我国数家企业相继引进了欧化厨柜生产线，使我国的厨房进入整体化设计、工业化配套、个性化服务的时代；第三次变化发生在本世纪初，建设部110号令提出了住宅集成的要求，使我国的厨房开始注重产品、功能、服务和智能化集成，进入了集成化厨房时代。

然而，中国厨柜行业真正发展，厨柜进入千家万户仅仅6～8年的时间。短短几年间，中国厨柜行业就已走过市场投入期和市场引导开发期，进入行业成长期。1993年，我国有了工业化生产厨柜的工厂，1997年至1999年这3年是我国厨柜行业飞速发展的时期，以深圳、南京、上海三城市为例（见表1—2），可以看出，厨柜在我国短短几年的发展速度和水平是惊人的。

表1—2　　国内居民在家庭装饰中安装厨柜的比例

	1997	1998	1999
深圳	30%	50%	95%
上海	5%	30%	70%
南京	3%	10%	30%

我国厨柜市场每年都在以成倍的速度递增：1999年厨柜的市场需求量为8万套，2002年厨柜市场的需求量为80万套，预计到2007年我国城镇居民对厨柜的需求量将上升至290万套，其价值约为230亿元。如此巨大的市场需求量，呼唤厨柜行业尽快完成市场整合，拿出众多品牌，以适应新的市场竞争。

遗憾的是，目前我国厨柜行业形成规模的企业很少，大量作坊式企业产品虽多但质量低下，市场秩序也较混乱。与欧美发达国家相比，我国厨柜行业在设计及工艺技术方面仍存在较大的差距，主要表现在以下几个方面：

（1）规格尺寸混乱。我国厨柜设计款式及规格尺寸多是借鉴或仿造欧美国家同类产品设计而成，没有从实际出发结合国内众多消费群体及实际居住条件进行综合性设计。而且，尽管厨柜生产国家标准已经颁布实施，但因技术水平的差异，许多企业仍按各自的标准和规定设计与组织生产，因而造成规格尺寸的混乱。

（2）厨柜功能不全。许多国产厨柜柜体内设有一层或两层搁板，储物灵活性不够，而且柜内储藏功能也未能细化，如过多的抽屉、过滥的搁架，造成功能的不明确。由于我国人民的饮食文化习惯与欧美国家不同，因此厨房内储存物品的种类、数量、方式应有自己的特点。另外，我国的厨柜五金装饰配件不够齐全、功能欠缺、品种少、质量粗劣，在一定程度上也制约了厨柜功能的多样化和灵活性。

（3）组合变化少，厨柜种类少。我国厨柜产品设计上照抄照搬较多，柜体空间分割变化少，表面呆板，色彩单调。毫无个性的简单重复，难以组合出具有个性和文化品位的现代厨柜和厨房空间。

(4) 工艺水平低，质量粗糙。纵观目前某些专业厨柜厂家生产的产品，都不同程度地存在产品工艺质量问题。许多质量问题是因加工设备落后，工艺方法不当，以及一味追求最大利润而不惜降低质量，如使用技术标准不合格的原辅材料等造成。从技术上分析，诸如构件加工不标准，会直接影响成品总体组装效果；板件封边不牢，不倒角，锯板崩边，破损；钻孔不规范，五金装配件不牢固等都将直接影响产品质量。

(5) 厨柜基材板不符合技术标准规定。欧洲国家厨柜生产所用的人造板必须是绿色材料，即符合欧洲健康环保 E_1 标准的规定。无论基材板或表面装饰贴面材料都是抗菌或对人体有害的物质和气体含量甚微（如人造板甲醛释放量小于 9 mg/100 g），甚至无毒，而国内厨柜生产企业所采用的人造板，胶黏剂等多为国产材料，且有相当多一部分不符合国际质量标准与环保标准规定要求。

2. 我国厨柜企业发展状况

我国厨柜企业真正的发展是从 20 世纪 90 年代中后期开始的，经过 10 多年的发展，目前在厨柜行业内除了存在一些装修公司及厨柜小作坊外，形成了三种不同类型的厨柜企业，见表 1—3。

表 1—3　　不同类型的厨柜企业比较

	年销售额	设备投资	经营方法
基本规模厨柜企业	1 000 万～5 000 万	设备投资 1 000 万元左右，以国产设备为主，关键设备为德国或意大利进口	以自营零售为主，背靠省会以上大城市或经济发达地区的地级市，产地销，适当辐射周边地区，在当地有较高的知名度。也有部分企业退出终端销售，面向零售店接受订单提供部件和所需的门板台面，参与社会化分工和协作，提升自身优势
中型厨柜企业	6 000 万～2 亿	设备投资 3 000 万元左右，以德国或意大利进口设备为主，辅之少量国产设备	通过建立零售加盟渠道体系辐射全国，并同时利用自身品牌、品质、服务及规模优势进入工程配套和出口外销领域，在国内有较高的知名度
现代化厨柜企业	2 亿以上	设备投资 3 000 万元以上	在销地产的基础上合理布点建立销地产组装基地。这类企业在国内外有健全的营销体系，内有影响力、外有知名度，同时拥有适合内销零售要求的柔性化生产线和满足出口和工程配套需要的标准化、高效能生产线，是国内著名品牌企业，有忠诚度高的客户群，在国际上有较高的知名度

1.2　我国厨柜行业发展趋势和厨柜设计发展趋势

1.2.1　我国厨柜行业发展趋势

我国的厨柜市场巨大，厨柜行业只要摒弃内部恶性竞争、找准自身的定位、不断提高产业化水平就一定能得到健康、迅速的发展。未来我国厨柜行业的发展将会呈现如下特点：

1. 品牌厨柜企业将会与品牌厨卫企业强强联合或企业自身形成厨电一体化，组成完整的集成厨房体系。

2. 行业内的分工将细化。

3. 厨柜、厨电、厨卫与建筑装修多方融合，设计能力、产品质量更贴近消费者。

4. 厨柜行业利润随销量上升，价格趋降。

5. 厨柜所采用的电器配件将向智能化、网络化发展。

6. 厨柜将随着我国五金制造等轻工业的进步而发展。

7. 厨柜的发展将更倚重于质量、款式、服务与品牌。

同时厨柜生产将向规模化、自动化、现代化方向发展；产品将向精品化、个性化、柔性化方向发展；服务将向专业化、协作化、便捷化方向发展。重视研发和原创，应用专业设计、排产软件，强化内外部管理，提高产品品质和快速反应能力。在学习借鉴欧美厨柜行业先进经验的同时，不断推出具有中国特色的厨柜、电器和功能件，形成方便、实用、灵活、厚重，符合中国人饮食文化习惯的集成厨房精品。在满足国内需求的同时，加速产业化进程，走向世界，打造具有国际竞争力的产业大军。

1.2.2 我国厨柜设计发展趋势

1. 借鉴欧美厨柜主要设计风格与技术美学特征

欧美国家的现代厨柜设计在追求时代感的同时，融入了绿色化、智能化、个性化、功能一体化、表面装饰艺术化等设计理念和手法。在满足使用功能的基础上，更注重形体美学的时代感和前卫性。多数造型崇尚简约，形象亲切，视觉美感强，而计算机的导入进一步提升了厨柜的智能化含量。

2. 应用新材料与先进的工艺方法

欧美厨柜行业，特别是欧洲专业化生产厂家，已经赋予现代厨柜产品新的科技和美学内涵。在我国，对人体及环境无害的绿色材料，以及符合欧洲健康环保 E_1 级标准认证的多元人造板材和高科技含量的工业塑料构成件，已经普遍应用于厨柜设计与生产的方方面面。用符合欧洲环保标准的创新型 ABS 原料设计制造的具有实木门装饰效果的柜抽门边框、人造大理石台面、人造实体台面以及有着高科技含量的 BMC 复合型人造石台面板，正得到广泛应用和普及，处处显示了厨柜产品的整体美学内涵和现代科技创新水平。在厨柜设计与技术加工中，采用具有国际先进水平的 32 mm 系统设计及 RTA 结构方法与加工手段，在现有水平上，开始设计研制具有 21 世纪新概念的美学型、智能化厨柜。

3. 融入先进的设计理念与方法

现代厨柜的最新流行设计款式突出与追求时代感，表面装饰多元化、环保化、智能化和多功能化，比较注重厨柜的造型时尚和前卫性，带有前卫性的艺术装饰派厨柜已开始在厨柜设计师们的创新理念中被不断注入新的文化内涵。厨柜设计上，呈现出集人性亲和力（简洁易用）、时尚化（明快亮丽的外观造型）、个性化（色彩的渐变、对比及个性特征外化的大 R 角，柔美界面等）于一体，别致高雅、大气而魅力十足。在满足使用功能的基础上，更着重产品的可操作性和愉悦性，多数造型崇尚简约、形象亲切、视觉美感强。

4. 体现环保与节能

环保型厨柜产品是未来的发展方向，也是我国“十一五”规划对每个企业提出的要求。随着人类环境意识的增强和对大自然的回归心理的追求，以“节约材料，保护环境”为宗旨的呼声愈来愈强烈，设计开发绿色环保型厨柜已成为 21 世纪厨柜行业当务之急。厨柜产品所采用的人造板、表面装饰材料、涂料及工业塑料的成型件，均应符合国际环保材料标准以及技术标准等要求。环保型厨柜不但要求在使用过程中对人体和环境无害，在生产过程及回收再利用方面也要求达到国际环保标准和要求。未来环保型厨柜家具的用料是倾向自然的，即便人工合成的材料其本身也不含有害物质，不会释放有害气体。即便不再使用，也不会成为人类赖以生存的空间环境的负担，易于回收和再利用。

5. 创造集成化厨房

（1）空间集成。空间布局与款式设计的理念系统化、集约化、人性化、个性化，对上、中、下、边、角、肚等空间进行集成化布局与设计。

（2）功能集成。根据不同客户需求，集成油烟处理、清洁消毒、食品加工、冷藏、垃圾处理、空气调节、水净化、管线界面、自洁、储存、中央控制、网络化、智能化、模块化、健康环保等功能，提供省时省力、娱乐化、人性化的设计。

（3）部品集成。集成吸油烟机、燃气灶、烤箱、消毒柜、厨柜、冰箱、洗衣机、热水器、微波炉、智能照明系统、音响、DVD、液晶显示屏、免提电话等。

（4）服务集成。售前、售中、售后提供高品质、全方位的服务。

（5）文化集成。传承具有传统元素和色彩的外观设计，提供符合华人饮食文化习惯的操作流程和功能设计，营造舒适、温馨、实用、美观的中国厨房文化环境。

职业技能鉴定要点

行为领域	鉴定范围	鉴定点	重要程度
理论准备	厨柜行业发展状况	国外厨柜行业发展基本状况	★
		我国厨柜行业发展基本状况	★
	我国厨柜行业发展趋势	我国厨柜行业发展趋势	★★
		我国厨柜设计发展趋势	★★

单元测试题

一、判断题（下列判断正确的请打“√”，错误的打“×”）

1. 西方社会把厨房和卫生间作为衡量生活质量高低的重要标准。（ ）
2. 意大利厨柜设计的风格是具有时代气息，引领时尚潮流。（ ）
3. 中国的厨柜行业真正发展，厨柜进入千家万户仅仅 2～3 年左右的时间。（ ）
4. 环保型厨柜要求在使用过程中对人体和环境无害即可。（ ）

二、单项选择题（下列每题的选项中，只有 1 个是正确的，请将其代号填在横线空白处）

1. ________的厨柜设计稳重大气，注重细节，体现厨柜的功能。

A. 英国　B. 德国　C. 意大利　D. 法国

2. 基本规模厨柜企业年销售额在________之间。

A. 500 万～1 000 万　B. 1 000 万～5 000 万
C. 6 000 万～2 亿　D. 2 亿以上

三、多项选择题（下列每题的选项，至少有 2 个是正确的，请将其代号填在横线空白处）

1. 欧洲最大的厨柜生产制造国分别是________。

A. 德国　B. 意大利　C. 英国
D. 法国　E. 西班牙

2. 与欧美发达国家相比，我国厨柜行业的主要问题有________。

A. 规格尺寸混乱
B. 厨柜功能不全
C. 组合变化少，厨柜种类少
D. 工艺水平低，质量粗糙
E. 厨柜基材板不符合技术标准规定

3. 欧美国家的现代厨柜设计在追求时代感的同时，融入了________设计理念和手法。

A. 绿色化　B. 智能化　C. 个性化
D. 功能一体化　E. 表面装饰艺术化

4. 集成化厨房包括________方面。

A. 空间集成　B. 功能集成　C. 部品集成
D. 服务集成　E. 文化集成

单元测试题答案

一、判断题

1. √　2. √　3. ×　4. ×

二、单项选择题

1. B　2. B

三、多项选择题

1. ABCDE　2. ABCDE　3. ABCDE　4. ABCDE

第 2 单元

厨柜基础知识

引 导 语

学习厨柜设计，首先要对厨柜的构造有详细的了解，尤其要熟悉各类配件，因为现代厨柜的技术美学水平与综合性、功能性等，与厨柜配件是密不可分的。现代厨房配件包括五金件、柜内功能配件和厨房电器。

由于厨房接近水、火、油烟，所以在厨柜的材质选择上必须多费心思。新型材料的广泛应用，使得厨柜越来越精致。厨柜材料一般可分台面材料、门板材料、柜体材料及各种配件等。而台面是使用者最常接触的平面，所以必须考虑其材料是否具有耐水、耐热、耐压、耐磨及防火等性能。

本单元重点介绍厨柜的主体构造、各种配件、厨柜常用材料及其特性的知识。

2.1 厨柜的基本构造

2.1.1 厨柜主体构造

随着时代的发展，技术的进步，人们观念的转变，厨柜的构造形式从最初的单纯满足功能的要求发展到如今要满足个性化需求，但无论厨柜的外在形式如何变化，就其构造而言，主要是由以下几个部件组成（见图 2—1）。

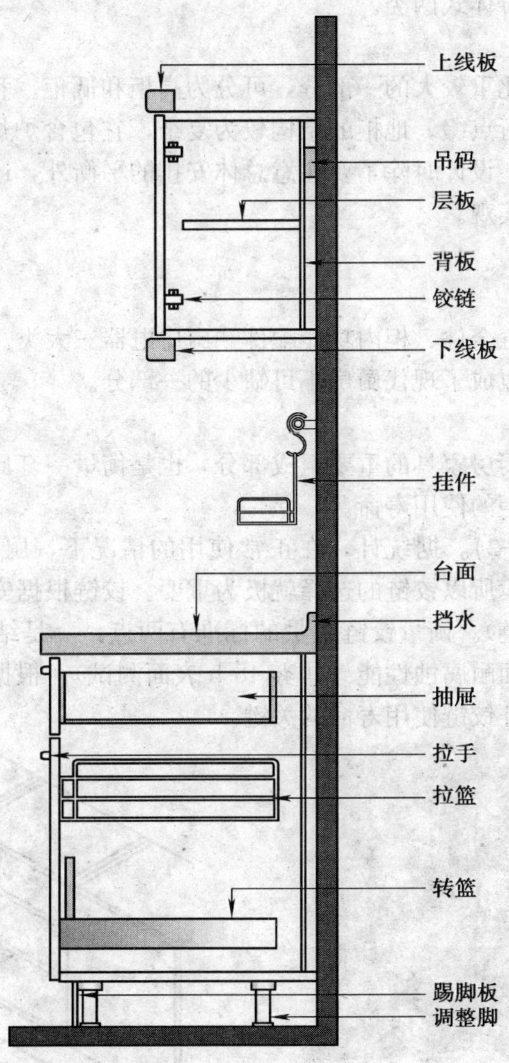

图 2—1 厨柜的基本构造

1. 吊柜

吊柜可以设计成安装门板的柜体，也可以设计成不安装门板的开放式柜体或放置搁板。选择门板时，可根据需要配置不同形式的玻璃门，而达到不同的艺术效果。同时，吊柜还必须与排油烟机、消毒柜、微波炉等厨房电器组合成一体，所以，在吊柜的设计上往往要求设计师考虑到煤气表、开关，甚至管线等内容。

2. 工作台面

厨柜的工作台面可以看做是地柜的一部分。台面装有水槽和炉灶。厨柜根据工作台面的不同可分为整体式和分体式两类。

3. 地柜

地柜是厨柜中所占比重较大的一部分，可分为高柜和低柜。和吊柜一样，地柜也可安排一些开放式的柜体进行点缀。地柜的结构较为复杂，它包含炉灶、水槽、米箱、垃圾桶以及各类拉篮等。因此，设计时除了要注意总体安排的平衡外，还要对各项内容的尺寸进行微调，保证柜面和谐美观。

2.1.2 厨柜配件组成

厨柜配件，可分为五金件、柜内功能配件和厨房电器三大类。随着整体厨房的概念深入人心，各类厨房配件也成了现代厨房不可缺少的一部分。

1. 五金件

厨柜五金件是现代厨房家具的重要组成部分，也是衡量一套厨柜价值的重要依据，五金件的优劣直接影响厨柜的使用寿命。

（1）铰链（见图 2—2）。据统计，在正常使用的情况下，厨柜门每天开合约 20～30 次，一年使用约 1 万次，所以铰链的选择就极为重要。铰链根据安装方式不同分为固定式和脱卸式（俗称快装铰链）。衡量铰链质量的标准有两点：一是结构强度（负重 34.02 kg 开合 10 万次），二是表面耐腐蚀性能（盐雾 48 h 表面测试）。根据门板的重量正确排列分配和精确安装铰链是保证铰链使用寿命的关键。

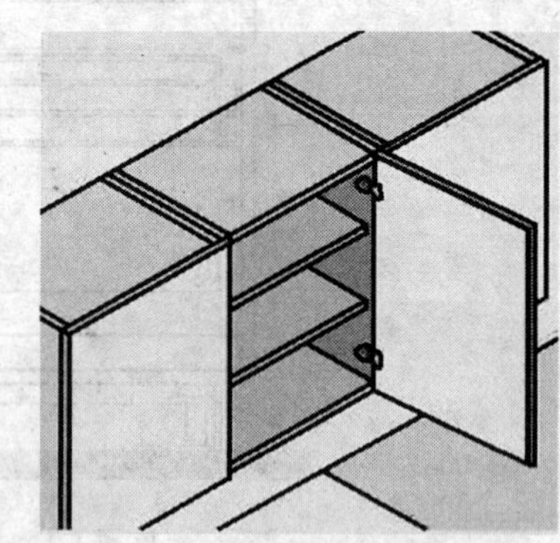

图 2—2　铰链

（2）拉手。拉手一般分为明装式、嵌入式和隐藏式。拉手是整套厨柜的“眼睛”，根据不同的颜色和门型款式配置拉手，决定了一套厨柜的美观度和品位，如图 2—3 所示。

图 2—3　拉手

（3）抽屉滑轨。抽屉滑轨是厨柜中重要性仅次于铰链的五金件之一。抽屉滑轨主要分为托底型、金属侧板型和全包式回弹型。托底型适用于木质侧板抽屉，结构简单，价格低廉；金属侧板型抽屉自身带有两侧钢板，底板和背板采用厚板制作，结构牢固，空间利用率高；全包式回弹型抽屉内藏专利滑轮，滑动无声，且越重越滑。全包式回弹型抽屉采用全拉出设计，方便存放和取出物品，同时阻尼技术使抽屉滑轨具有缓冲和自闭功能，能满足消费者对高品质厨柜静音的要求。

阻尼技术在抽屉关闭至距箱体完全闭合约 50 mm 处开始生效，使抽屉进入缓滑阶段，并使抽屉无声无息地关闭，彻底消除噪声，不再有剧烈碰撞或反弹。阻尼技术所产生的不拖沓、不颤动的关闭运动不仅对内置的存储物是一种保护，也使消费者的神经免受折磨。不管是狭小轻便的还是宽大沉重的抽屉，阻尼技术都能保证它们在关闭时轻柔、顺滑，如图 2—4 所示。

图 2—4　具有阻尼的抽屉滑轨

（4）吊码。吊码是将吊柜悬挂在墙体上的专用配件。吊码的选择和安全地安装至关重要，吊码的承重应在 40 kg 以上，安装在墙体上的预埋件应选择合适的膨胀管，如图 2—5 所示。

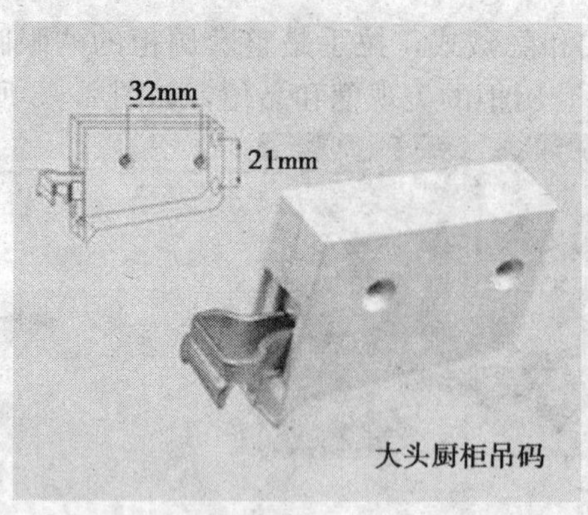

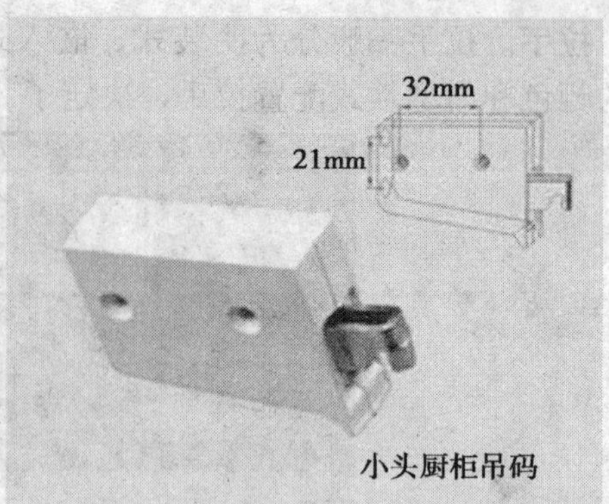

图 2—5　吊码

（5）踢脚板。踢脚板离地面最近，因为地面潮湿，所以对踢脚板的防潮性能要求较高。踢脚板一般采用木质、PVC、铝合金等材质。如选用木质，必须在和地面接触的面加 PVC 的止水条，PVC 和铝合金质地的踢脚板耐水性好，最适合潮湿的环境，如图 2—6 所示。

图 2—6　踢脚板

（6）调整脚。由于厨房地面较其他地面湿度较大，所以需要可以调节高度的调整脚来防止厨柜板件直接与地面接触。厨柜调整脚一般采用防水性能好的 ABS 工程塑料制作，同时也具备很好的承重性能，能满足对整体厨柜重量的支撑，如图 2—7 所示。

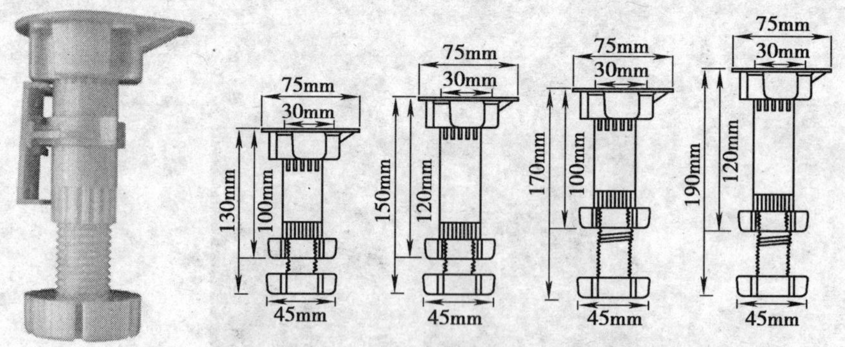

图 2—7　调整脚

（7）上翻门支撑。支撑一般分为气压支撑、液压支撑和机械支撑，按承载力可分为轻型和重型，轻型承载力为 45～120 N，150 N 以上为重型支撑，还有直升式和任意停式，上翻门支撑更加体现厨柜的人性化设计，在厨柜中得到了广泛的运用，如图 2—8 所示。

(8) 门板闭门器。能有效消除门扇关闭时发出的噪声，使门扇在关闭时达到理想的使用效果，充分体现了以人为本的现代化厨房的设计理念，如图 2—9 所示。

(9) 排孔塞。排孔塞能最大程度减少甲醛外泄，更防潮更环保。

图 2—8 上翻门支撑

图 2—9 门板闭门器

(10) 防尘角。防尘角安装在箱体的角落处，易于清理柜体角落的卫生，降低用户的劳动强度，如图 2—10 所示。

H=4mm
W=18mm

图 2—10 防尘角

(11) 层板托。直接将层板托嵌入隔板里面，螺纹形板托支钉拧入柜体，除了具备易拆装，易调节高度这些基本特性外，更能够牢固锁定隔板，使其不会因隔板的受力不均而出现翻落的情况，又能增强柜体的连接强度，如图 2—11 所示。

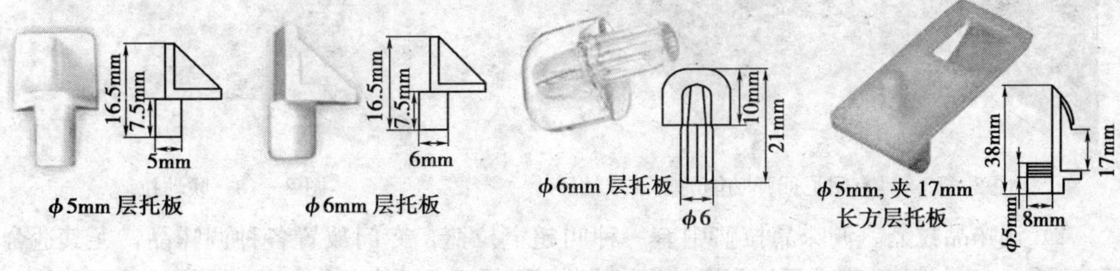

图 2—11 层板托

（12）压顶线。压顶线是厨柜柜体的顶部外沿作为装饰的收边。有丰富的颜色和尺寸可供选择，能勾勒线条协调整体，是欧式古典厨柜常用的辅件。

（13）封边条。封边条是厨柜主材切割后，封合断面用的片状塑料带。通过封边机采用胶合热压的方式结合在断面上。为了达到不同的艺术效果，可选择不同的封边条，除了常见的塑料与基材同色的封边条，还有金属和其他各种材质。

另外，厨柜五金件还包括一些诸如偏心连接件、圆木榫、西德钉、钢板抽、止水条、下水孔等，这里不再一一赘述。

2. 柜内功能配件

柜内功能配件主要用于组成或增加厨柜功能，方便使用者，包括抽屉、各类拉篮、特殊功能配件等，下面分别作简单介绍。

（1）抽屉。抽屉是厨房的好管家，与门板相比，抽屉可以增加物品的直接取放量的30%，并且方便取放物品，避免蹲跪，符合人体工程学设计。抽屉按等级划分，大体可分为3类：低档型，如木屉、铁屉；普通型，如钢屉、半拉开成型屉；高级型，如全拉开成型屉、自闭阻尼成型屉。目前市场上已广泛使用具有阻尼回弹功能的全开式高级成型屉，如图2—12所示。

（2）各类拉篮

1）联动拉篮。开门时联动系统将置物架向外同步拉出，内外双置物架，物品分类储藏，一目了然，取放更方便，如图2—13所示。

图2—12　具有阻尼回弹功能的全开式抽屉

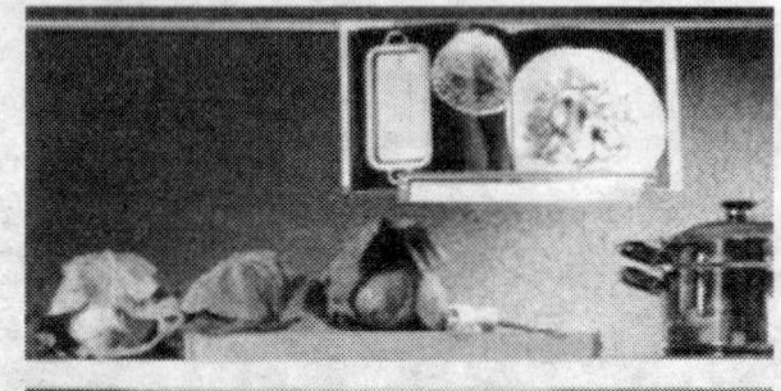

图2—13　联动拉篮

2）调味品拉篮。调味品拉篮中有一种叫超窄拉篮，专门放置各种调味品，尤其适合150～200 mm的柜体，其中可以配置一些分隔器，以便于高瓶的安全取放，如图2—14所示。

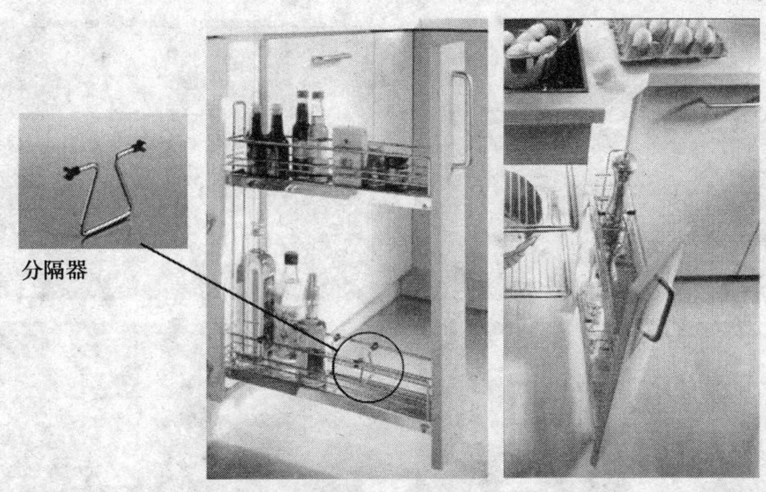

图 2—14　调味品拉篮

3）高深拉篮。可以双面取放物品，储藏空间大，经济适用，如图 2—15 所示。

图 2—15　高深拉篮

4）小怪物（转角联动拉篮）。小怪物是专门用于 L 形、U 形厨柜各转角部分的一种高档金属拉篮，能有效地利用转角空间，方便转角处存取物品。把柜门往前拉伸，就可以将隐藏在柜子最深处的物品轻松地送到面前。如图 2—16 所示，4 幅步骤图清楚地展现了小怪物的开启过程。

5）大怪物（高身转动拉篮）。大怪物是厨柜内用于储藏和存放物品的一种高档金属转动拉篮，共有 30 个篮筐，柜体内隐藏着强大的储物功能，最大限度地利用了 900 mm 柜体空间，采用双联动机构，最大限度地节省了空间，如图 2—17 所示。

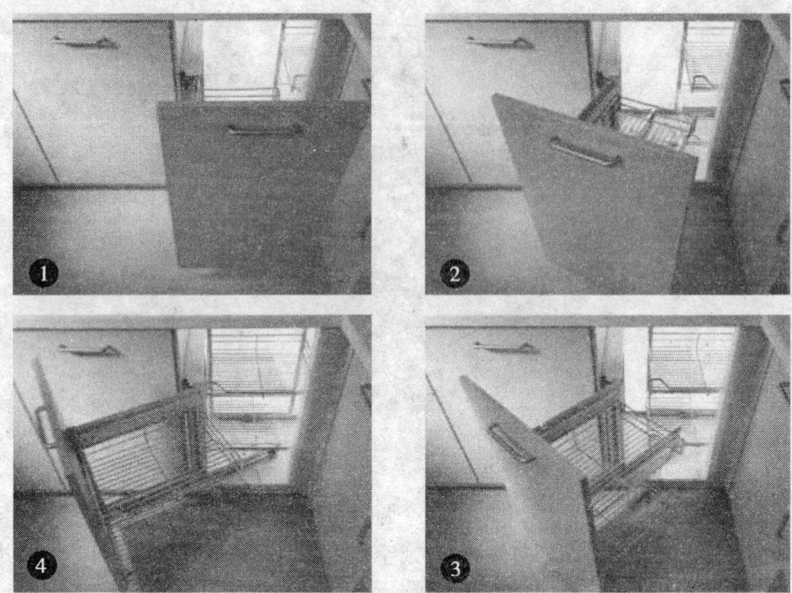

图 2—16　小怪物（转角联动拉篮）

图 2—17　大怪物（高身转动拉篮）

6）折门转篮。门板对折后轻松转入柜体，旋转后可轻柔自行关闭，使用极为便利，如图 2—18 所示。

（3）特殊功能配件

1）气动升降柜。普通的翻板门、对开门有时会碰伤用户头部，气动升降柜能将柜门悄然无声地平移开启，如图 2—19 所示。

2）刀叉盘。利用刀叉盘可以将各种餐具或厨房用具分门别类地进行码放，取放时一目了然，还有助于抽屉底层的清理。如图 2—20 所示为一个榉木材质刀叉盘，它为不同的功能工具、不同场合中使用的刀叉进行合理分类。

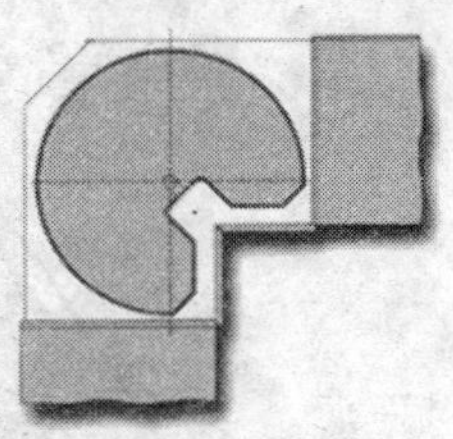

图 2—18 折门转篮

图 2—19 气动升降柜

3）抽拉餐台。既可作为简洁的早餐台，又可作为烹饪操作的料理台。它具有抽屉式的外观。折叠式轨道可将餐台收藏在柜体内，使用便利，是充分利用空间的典范，如图 2—21 所示。

4）升降桌。可根据操作需要随意调整桌子的位置和高度，符合人体工程学设计，既可作为料理台，也可用作家庭享受晚餐的餐桌，如图 2—22 所示。

5）角柜推桶。角部空间最完美的设计方案，按压推桶可使其轻松转入柜体，旋转后又可轻柔自行关闭，时尚、美观、更具有人性化，如图 2—23 所示。

图 2—20　刀叉盘

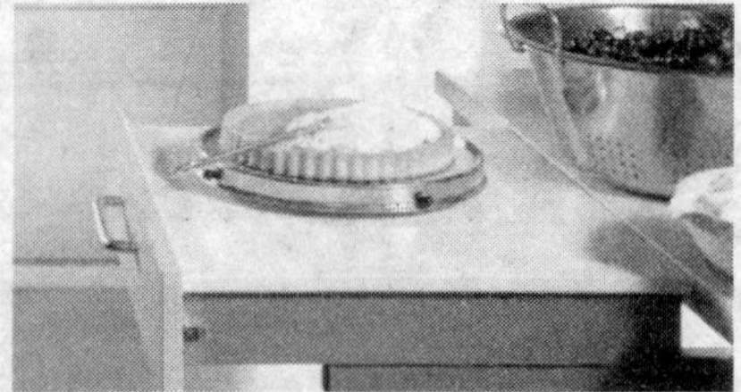

图 2—21　抽拉餐台

图 2—22　升降桌

6）平移上翻门。吊柜在厨柜中使用的频率很高，简单的对开门可能会使人们在使用过程中出现撞头的危险，平移上翻门则无此担心，其优良的气动装置能将柜门悄然无声平移开启，安全方便，如图 2—24 所示。

7）垃圾桶。用于放置厨房垃圾的容器，美观使用方便，常见的有内置垃圾桶和台面垃圾桶，如图 2—25 所示。

图 2—23　角柜推桶

图 2—24　平移上翻门

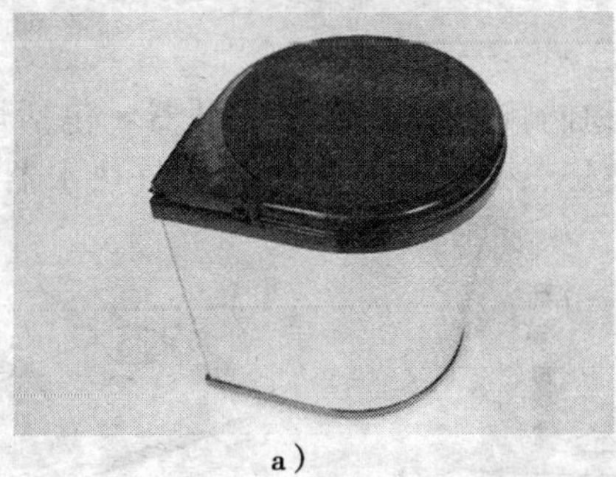
a）

b）

图 2—25　垃圾桶
a）台面垃圾桶　b）内置垃圾桶

8）米箱。用于储存米的金属容器，其容量通常为 10 kg 或 15 kg。全封闭不锈钢箱体，可以防止大米生虫，并且有精确的计量功能，如图 2—26 所示。

图 2—26　米箱

9）多功能挂件。在墙面加装横杆或挂钩，以便悬挂可吊式物品和工具，特别是烹饪操作中常用的物品，如刀具、铲子、调味品、纸巾架等，既整齐又随手可及（见图 2—27）。厨房挂件使杂乱不堪的厨房空间变得整洁有序，而且除了实用功能外，更能起到很好的装饰作用。

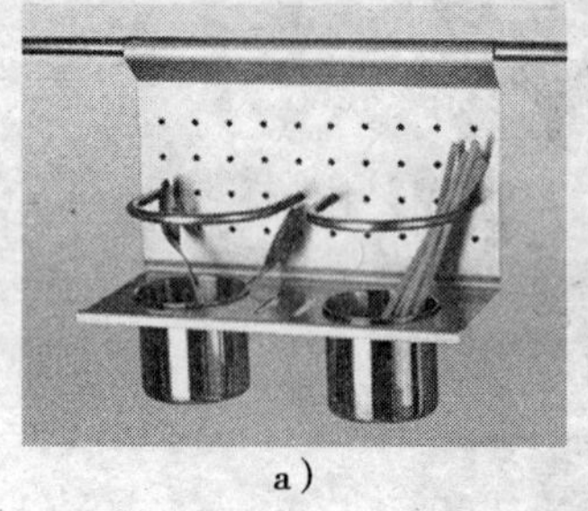
a）

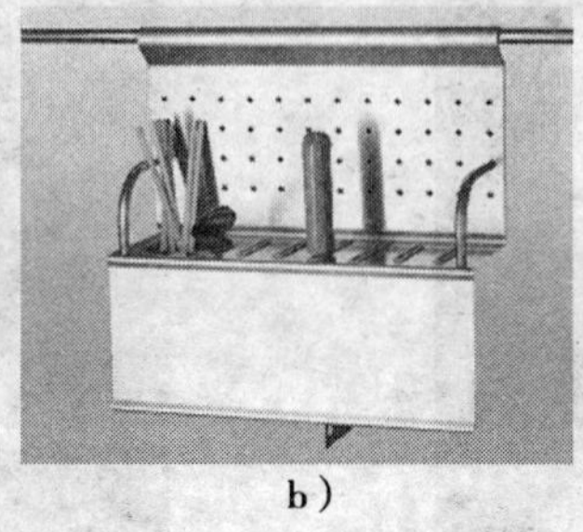
b）

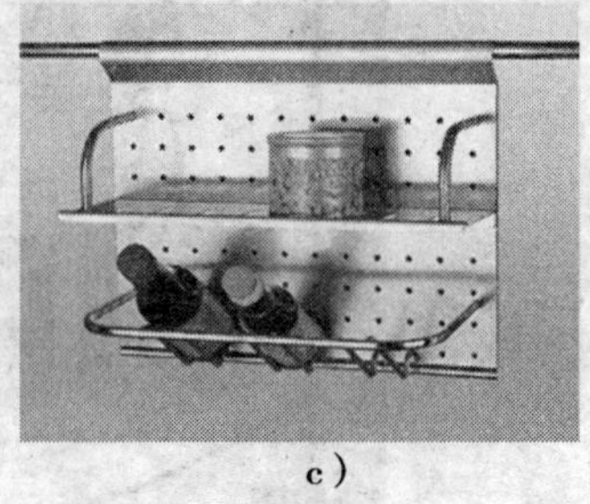
c）

图 2—27　多功能挂件

a）餐具架　b）刀架　c）调味品及瓶罐架

3. 厨房电器

厨房电器包括厨房中参与烹饪、清洁和储藏等的各种家用电器，包括灶具、吸油烟机、水槽、洗碗机、消毒碗柜、冰箱、微波炉、烤箱、电饭煲和燃气热水器等（见图 2—28），其中灶具和吸油烟机通常是标准配置。

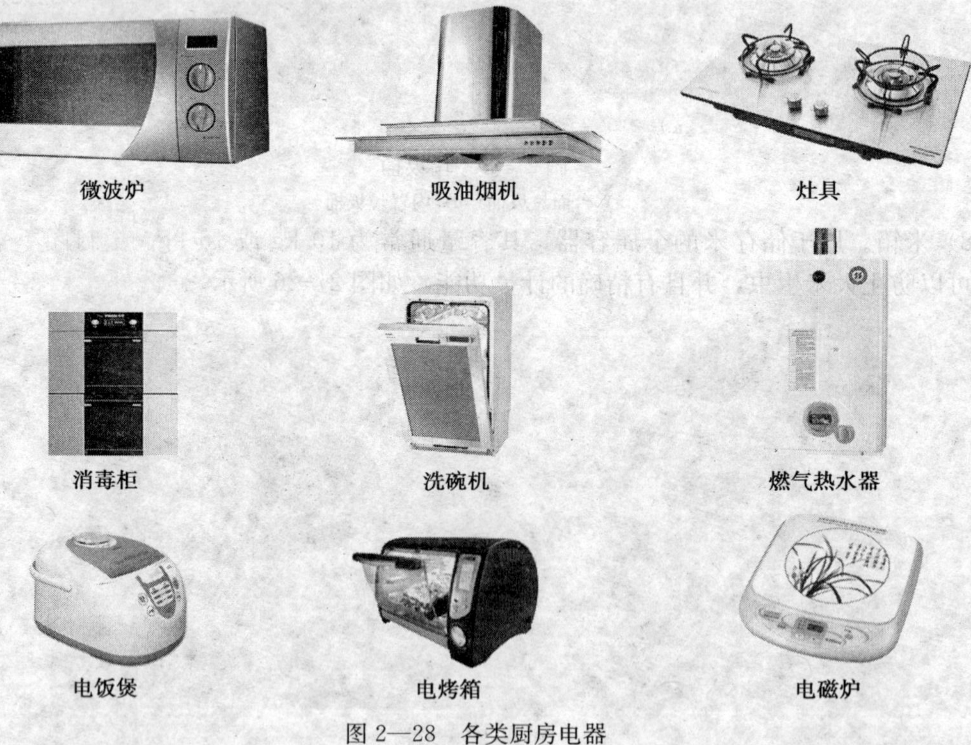

图 2—28　各类厨房电器

图 2—29 电磁炉系统

（1）灶具。按款型可分为单眼灶、双眼灶、三眼灶、四眼灶和五眼灶 5 种。若依使用能源可分为燃气灶和电炉两种。其中燃气灶又有煤气和天然气之分，电炉又分为电热炉、电陶炉、卤素炉和电磁炉（见图 2—29）等款式。灶具的表面一般有搪瓷珐琅、不锈钢和强化玻璃 3 种方式。目前市场上最流行的是玻璃灶。

（2）吸油烟机。吸油烟机有中式和欧式之分。欧式外观为烟道式，均有活性炭滤网设计，并附有清洗指示灯。灯亮时，只需将滤网拆下，放入洗碗机或使用软刷清洗即可。油烟先经过滤网过滤脏空气，能确保烟罩内部与排烟管的清洁；中式吸油烟机几乎均为挂油杯设计，油烟透过风扇电动机直接从风管排出户外，一般这种烟机风量比较大。吸油烟机必须具有较好的静音效果，国内标准规定不超过 65～68 dB。

（3）水槽。目前厨房中的常用的水槽主要有两种：人造石水槽和不锈钢水槽（见图 2—30）。人造石水槽可以与人造石台面做成一体，非常美观，细菌无处滋生。不锈钢水槽又有台上盆和台下盆之分。台上盆是较常见的一种水槽安装方式，它是将水槽嵌在台面上面，然后用玻璃胶黏接，这种水槽在使用过程中，由于台面上的水经常会渗透到胶内，时

a）

b）

图 2—30 水槽

a）人造石水槽 b）不锈钢水槽

间久了有可能会出现开胶现象。而台下盆就不会出现这种问题，安装效果最佳、最美观，更易于清洁。

2.2 厨柜的常用材料及特性

厨柜的生产、销售与消费在我国正呈现出方兴未艾、欣欣向荣的发展态势，总体上厨柜的生产厂家、销售商家将愈来愈多，但是市场上厨柜产品的质量也良莠不齐。随着厨柜国家标准及相关标准的颁布实施，厨柜无论是在原材料、配件选用上还是设计上将充分体现健康环保的概念。

厨柜中的甲醛主要来源于人造板部件和劣质胶水。人造板是使用碎木屑和脲醛胶搅拌在一起制成的，尿素和甲醛在氯化铵的催化作用下加热形成脲醛胶和游离甲醛。在这个过程中，没有充分反应的甲醛处于游离状态，遇到空气就会挥发出来，对人体产生危害。E_1、E_0 级标准是欧洲国家根据人造板中游离甲醛含量来划分的，也是我国家具人造板材使用标准。而不同用途的板材对甲醛要求不一样，如使用在厨柜中的板材必须达到 E_1 级，即甲醛含量≤9 mg/100 g，而 E_0 级规定甲醛含量≤4 mg/100 g（另外一种计算标准：E_1 级甲醛含量≤1.5 mg/L，E_0 级甲醛含量≤0.5 mg/L）。

目前国内一些比较正规的厨柜厂使用的箱体材料比较注重环保，甲醛含量能达到国家标准。同时箱体板上的所有排钻孔位全部加装封盖，防止潮气进入及减少甲醛释放，不仅碍眼的孔位不见了，而且更加环保、安全了。

2.2.1 柜体材料及特性

人造板是柜体的主体材料，行业内称之为基材板。人造板就是先人工将木材或其他材料（例如甘蔗秆）粉碎或分层，然后添加胶黏剂，经过铺装，通过高温热压胶合而成。

1. 刨花板

刨花板是把木材或非木材植物原料经过专用设备加工形成一定形态的刨花，加入适量的胶黏剂和辅料，在一定的温度和压力下，压制成的大幅面板材。刨花板是环保型材料，能充分利用木材原料及加工剩余物，成本比较低。目前市场上的刨花板有防潮和不防潮之分。由于刨花板抗弯曲性能及握钉力优于中密度板，是目前厨柜箱体的首选材料。

2. 中密度板

中密度板是将经过挑选的木材原料加工成纤维后，施加脲醛树脂和其他助剂，经特殊加工制成密度约为 0.5～0.88 g/ cm^3 的一种人造板材。它的抗弯性能、硬度、握钉力均不及刨花板，吸湿膨胀率较大。

3. 细木工板

细木工板俗称大芯板，是由优质的天然木板经热处理（即烘干）以后，加工成一定规格的木条，由拼板机拼接，拼接后的木板两面各覆盖两层优质单板，再经冷、热压机胶压后制成。与刨花板、中密度板相比，其天然木材特性更顺应人类自然的要求。它具有质

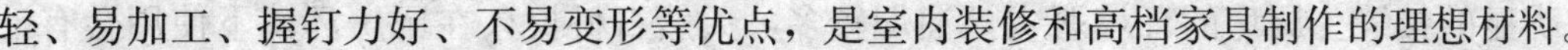

轻、易加工、握钉力好、不易变形等优点，是室内装修和高档家具制作的理想材料。

4. 不锈钢

不锈钢柜体是由 0.4～1.0 mm 厚的不锈钢板经过冲压、折弯翻边成型。此类柜体耐酸、耐碱、易清理、防虫、防火、表面明亮，多用于商业空间。

2.2.2 台面材料及特性

适合做厨柜的台面的材料，有耐火板、人造石、不锈钢、天然石材等。其中人造石台面是目前主流的厨柜台面。

1. 耐火板台面

耐火板台面的基材为刨花板，外部高温胶压耐火板制作而成，俗称防火板台面，通常采用平面加压、加温、粘贴工艺。从结构上可分为两种：一是后挡水与台面联体依次成型，称为“联体型”，为国内厂家早期大量使用，现基本已淘汰；二是台面本身不带后挡水，而另外配以铝合金挡水条，称为“组合型”，在欧美国家使用较多。它的特点是耐磨、耐刮、耐高温、性价比高。

2. 人造石台面

人造石台面是由天然矿石、色母、丙烯酸树脂等经高温、高压或常温浇注处理而成。它质地均匀、结构紧密、无毛细孔，又称高分子实心板。它的主要特点是绚丽多彩，表面无毛细孔，具有极强的耐污、耐酸、耐腐蚀、耐磨损性能，易清洁，兼具有天然大理石的优雅和花岗岩的坚硬，具有木材般细腻和温暖感以及陶瓷般的光泽，极具可塑性，接缝紧密，甚至无缝，线条浑圆流畅，可以做出任何造型。

人造石台面按照工艺方法和材料成分分为两大类：第一类叫做“压克力板”，该类产品由甲基丙烯酸甲酯（MMA）和高性能聚合物构成，可塑性强，表里如一，浑然一体，具有易清洁、易修复、耐热、防潮、防蛀、环保等优点；第二类是以不饱和树脂为主要成分，组合各种填充料、骨料、颜料并经浇注聚合。这类台面材料与“压克力”台面相比易变形，表面耐磨度也较差。目前市场上出现了一种以天然石英为主要原料加工制成的“石英石”台面，它的特点是硬度极高，耐高温，并且表面质感佳，唯一缺憾是暂时还不能做到无缝拼接。

3. 不锈钢台面

早期的不锈钢台面是厨柜及厨房工作台的传统材料，由于视觉感觉比较生硬，工业味道较浓，在台面转角结合的处理上缺少美学处理手段，曾经退出家庭厨房，多为商业空间使用。但现在新型的不锈钢台面采用了进口不锈钢板材及新的加工技术，已使表面质感生硬的诟病消除（如压花和拉丝处理）。并且，有些不锈钢台面与不锈钢水槽、台面的转角结合处已经可以做到无缝焊接，这样新型的不锈钢制作的台面坚固、方便清洗、实用，并且美观气派，如彩图 1 所示。

4. 天然石材台面

天然石材台面也是厨柜台面的传统材料。由于是天然材料，长度有限，在台面转角结合处有明显的接缝。厨房的环境恶劣，油烟较多，天然石材长久在厨房环境下使用会有油污渗透其中，并且部分石材还有轻微的放射性，所以天然石材台面也已慢慢淡出了消费者的视野。

2.2.3 门板材料及特性

门板是厨柜的“面子”，在厨柜中占据的面积最大。厨柜门板的可选材质很多。这里重点介绍三聚氰胺（MFC）板、防火板、PVC 吸塑模压板、烤漆板、实木五大系列门板材料。

1. 三聚氰胺（MFC）门板

通常以刨花板为基材，用经过三聚氰胺处理的面层覆贴而成，故称为三聚氰胺板。其表面特点类似于复合木地板，具备耐磨、耐高温、耐腐蚀，抗渗透、易清洗，且表面平整、不易变形等优点，所以被厨柜行业广泛使用，是理想的厨门及箱体用材，是当今厨柜门板材料的主流选择，特别适合设计制作经典时尚的厨柜。

2. 防火板门板

防火板门板通常以刨花板或密度板为基材，表面饰以防火板。防火板目前用得也较多。防火板表面装饰品种丰富，而且具有耐磨、耐刮、抗渗透、易清洁等诸多优点，因此符合厨柜使用要求，适应厨房内特殊环境，更迎合厨柜“美观实用”相结合的发展趋势，如彩图 2、彩图 3 所示。

3. PVC 吸塑模压门板

PVC 吸塑模压门板是将仿真印刷的 PVC 薄膜，在包覆机上将已经铣削成型的中密度门板包覆起来。PVC 薄膜可以仿制各类花纹（见彩图 4），此类门板品质由选择的薄膜品质而定。质量好的薄膜能较好地解决基材抗潮湿问题。PVC 吸塑模压门板只需要薄膜就能将基材完全包覆起来，不需要另行封边，因此门板边缘和门形可做成任意形状，这类门板配合镶嵌在箱体上的拉手时效果尤佳，如彩图 5 所示。

4. 烤漆门板

烤漆门板（见彩图 6、彩图 7）是指用特殊涂料（漆）高于常温（俗称烤制）固化成膜覆盖在木质板材面上，形成的家具门板。烤漆门板具有色彩丰富、颜色丰满度好、亮度高低可调、光泽持久、层次感强、附着力大、耐污染易清洁、硬度较高等优点。但其不能被硬物和利器划碰，否则容易留下痕迹，影响表面的亮丽度，磕碰后无法修复。

5. 实木门板

实木门板（见彩图 8、彩图 9）由天然木材拼接加工而成。它利用木材的天然纹理和木色来表现自然美感，充分体现厨柜的高贵，设计风格多为古典型。并且木材天然环保，甲醛的释放量几乎等于零。但木材若在加工的过程中干燥处理不好则容易产生变形、裂缝等情况。实木门板因为成本及生产要求高，所以销售价格相对也较高。

除了上述的 5 种常见的门板材料外，还有像水晶板门板、竹门板等类型。

职业技能鉴定要点

行为领域	鉴定范围	鉴定点	重要程度
理论准备	厨柜的基本构造	厨柜主体构造	★★
		厨柜五金件	★★
		柜内功能配件	★★★
		厨房电器	★
	厨柜的常用材料及特性	柜体材料及特性	★★★
		台面材料及特性	★★★
		门板材料及特性	★★★

单元测试题

一、填空题（请将正确的答案填在横线空白处）

1. 厨柜的主体主要由________、工作台面和________组成。

2. 厨柜配件可分为________、________和厨房电器三大类。

3. 使用了阻尼技术的抽屉滑轨在箱体关闭至距完全闭合约________mm 左右开始发挥缓冲和自闭作用。

4. 吸油烟机必须具有较好的静音效果，国内标准规定不超过________dB。

5. 目前厨房中的常用的水槽主要有________和不锈钢水槽。

二、判断题（下列判断正确的请打“√”，错误的打“×”）

1. 厨柜的工作台面可以看做是地柜的一部分。（　　）

2. 五金件的优劣对厨柜的使用寿命影响不大。（　　）

3. 衡量铰链质量的标准有两点：一是结构强度，二是表面耐腐蚀性能。（　　）

4. 根据门板的重量正确排列分配和精确安装铰链是保证铰链使用寿命的关键。（　　）

5. 角柜推桶是角部空间最完美的设计方案。（　　）

6. 人造板是柜体的主体材料，行业内称之为基材板。（　　）

7. 中密度板抗弯性能、硬度、握钉力均优于刨花板。（　　）

三、单项选择题（下列每题的选项中，只有 1 个是正确的，请将其代号填在横线空白处）

1. ________是将吊柜悬挂在墙体上的专用配件。

A. 上翻门支撑　B. 层板托　C. 吊码　D. 封边条

2. ________有效消除门扇关闭时发出的噪声，使门扇在关闭时达到理想的使用效果。

A. 防尘角　B. 门板闭门器　C. 排孔塞　D. 压顶线

3. 调味品拉篮中的分割器的作用是________。

A. 分割空间　B. 美观效果　C. 增加负荷　D. 便于高瓶的安全取放

4. E_1、E_0 级标准是欧洲国家根据人造板中游离甲醛含量来划分的，其中 E_1 级规定游离甲醛含量≤________ mg/100 g，E_0 级规定甲醛含量≤________ mg/100 g。

A. 4，9　B. 5，6　C. 9，4　D. 6，5

5. ________柜体耐酸、耐碱、易清理、防虫、防火、表面明亮，多用于商业空间。

A. 刨花板　B. 不锈钢　C. 中密度板　D. 细木工板

6. ________门板利用木材的天然纹理和木色来表现自然美感，充分体现厨柜的高贵，设计风格多为古典型。

A. 防火板　B. 实木　C. 烤漆　D. 吸塑

四、多项选择题（下列每题的选项，至少有 2 个是正确的，请将其代号填在横线空白处）

1. 灶具按款型可分为________。

A. 单眼灶　B. 双眼灶　C. 三眼灶
D. 四眼灶　E. 五眼灶

2. 下列可用作柜体材料的有________。

A. 刨花板　B. 大理石　C. 不锈钢
D. 中密度板　E. 细木工板

3. 下列可用作门板材料的有________。

A. 防火板　B. 实木　C. 烤漆板
D. PVC 吸塑模压板　E. 三聚氰氨（MFC）板

单元测试题答案

一、填空题

1. 吊柜　地柜　2. 五金件　柜内功能配件　3. 50　4. 65～68　5. 人造石水槽

二、判断题

1. √　2. ×　3. √　4. √　5. √　6. √　7. ×

三、单项选择题

1. C　2. B　3. D　4. C　5. B　6. B

四、多项选择题

1. ABCDE　2. ACDE　3. ABCDE

第 3 单元

厨柜设计基础

引 导 语

厨柜设计模数化是指在厨房中，按照一定的模数尺寸规律，合理搭配不同的功能件及相应设施，并使得它们与建筑空间的尺寸统一协调，遵守一个共同的界面标准，以及使用科学的收口原则，有效使用厨房空间的一种科学的设计方法。

厨房中，通常包括3个主要设备：炉灶、电冰箱和洗涤槽。用户在三者间的活动路线将形成一个三角形，称为工作三角形。一般认为该三角形三边之和应不超过6.7 m，并以4.5～6.7 m为宜，过长将使人过于劳累。

厨房设计总的原则是标准性、实用性、美观性、安全性和精确性，这些原则分别体现出不同的设计要求和内容。

一个好的厨柜设计，除了让人们在使用厨柜的过程中，获得直接的功效，还能让使用者得到心理的满足。从厨柜的使用功能到造型的点、线、面构成再到色彩以及采光照明，搭配合理都能使人的视觉、触觉获得直接的美的享受。

在本单元中，介绍了厨房设计的模数化原则和工作三角形原理，强调了厨房工况设计的具体要求和方法，重点分析了厨柜色彩和造型设计的原理和方法。

3.1 厨房基础知识

3.1.1 厨房环境

1. 建筑基础知识

供人们生产、生活或进行其他活动的房屋或场所都叫做“建筑物”，如住宅、学校、办公楼等。

按建筑的使用性质分，可分为工业建筑、农业建筑和民用建筑。其中民用建筑又包括居住建筑和公共建筑，和我们生活息息相关的居住建筑又可分为公寓、花园住宅、新建住宅、新式里弄、旧式里弄和简屋。

按建筑层数或总高度分，可分为低层建筑、多层建筑、小高层建筑、高层建筑和超高层建筑。低层建筑是指高度小于或等于 10 m 的建筑，低层居住建筑为 1～3 层。多层建筑是指高度大于 10 m，小于 24 m 的建筑，多层居住建筑为 4～7 层。高层建筑是指高度大于或等于 24 m，小于 100 m 的建筑。超高层建筑是指高度大于或等于 100 m 的建筑。

房屋建筑结构有钢结构、钢筋混凝土结构、钢和钢筋混凝土结构、砖混结构、砖木结构以及其他结构，包括竹结构、木结构、竹木结构。

随着人民生活水平的提高，我们居住的房屋结构也越来越多变，厨柜设计师对建筑的结构也需要有所了解。因为在进行厨柜设计的时候有可能会对室内空间进行修改，涉及墙体的变化，那就需要了解建筑的结构。不同结构的承重系统是不同的，承重墙指支撑着上部楼层重量的墙体，一般在工程图上为黑色墙体，打掉会破坏整个建筑结构；非承重墙是指不支撑着上部楼层重量的墙体，只起到把一个房间和另一个房间隔开的作用，在工程图上为中空墙体，有没有这堵墙对建筑结构没什么大的影响。

各种建筑的结构不同，但就常见的民用建筑而言，其基本组成部分还是不会变的，大致由基础、墙或柱、楼地面、楼梯、屋顶、门窗 6 个基本部分组成。通风道、垃圾道、烟道、壁橱等建筑配件及设施，可根据建筑物的功能要求设置。下面是一些常用的住宅建筑术语：

(1) 开间。指住宅的宽度，是指墙中线至墙中线的距离。

(2) 进深。指住宅的实际长度。

(3) 中线。指墙的中间的一条线，它到两个墙表面的距离都一样。

(4) 一砖墙。一块标准砖长为 240 mm，宽为 115 mm，高为 53 mm，一砖墙指墙厚为 240 mm（不包括水泥砂浆和粉刷层）。

(5) 半砖墙。半砖墙指墙厚为 120 mm（不包括水泥砂浆和粉刷层）。

(6) 层高。指本层地面至上一层地面的高度，标准层高为 2.8 m。

(7) 楼层净高。指本层地面至本层顶的高度。楼层净高＋楼板厚度＝层高。

(8) 房型。指几房几厅几卫几阳台。

(9) 动线。进住宅大门后，各个功能房之间的活动路线。

（10）跃层住宅。跃层住宅就是套内空间跨越两楼层及以上的住宅。

（11）单元式高层住宅。单元式高层住宅就是由多个住宅单元组合而成，每单元均设有楼梯、电梯的高层住宅。

（12）塔式高层住宅。塔式高层住宅就是由共用楼梯、电梯为核心布置多套住房的高层住宅。

（13）通廊式高层住宅。通廊式高层住宅就是由共用楼梯、电梯通过内外廊进入各套住房的高层住宅。

（14）建筑面积。建筑面积就是建筑物的外围平面面积。

（15）绿化率。绿化率是指规划建设用地范围内的绿地面积与规划建设用地面积之比。

（16）建筑容积率。建筑容积率是指项目规划建设用地范围内全部建筑面积与规划建设用地面积之比。附属建筑物也计算在内，但应注明不计算面积的附属建筑物除外。

2. 建筑模数与厨房部品件的关系

厨柜设计模数化是指在厨房中，按照一定的模数尺寸规律搭配不同的功能件及相应设施，并使得它们与建筑空间的尺寸统一协调，遵守一个共同的界面标准，合理搭配以及使用科学的收口原则，有效使用厨房空间的一种科学设计方法。

（1）模数协调原则。模数协调的最基本原则是实现住宅部品件的通用性和互换性。遵循模数协调原则，全面实现尺寸配合，可保证在住宅建设过程中，在功能、质量和经济效益方面获得最大优化，促进住宅建设从粗放型生产转化为集约型的社会化协作生产。

（2）基本模数。国际标准 ISO 1006 规定，建筑模数符号为 M，建筑基本模数单位为 1 M（1 M＝100 mm）。

（3）建筑模数。在住宅建筑中，模数化空间采用空间网格设置，平面网格采用 3 M，竖向网格采用 1 M。一般规定，住宅的开间常用参数为：2 100 mm，2 400 mm，2 700 mm，3 000 mm，3 300 mm，3 600 mm，3 900 mm，4 200 mm。进深常用参数为：3 000 mm，3 300 mm，3 600 mm，3 900 mm，4 200 mm，4 500 mm，4 800 mm，5 100 mm，5 400 mm，5 700 mm，6 000 mm。为保证住宅具有良好的自然采光和通风条件，进深不宜过长。层高通用参数为：2 600 mm，2 700 mm，2 800 mm。

（4）厨房模数与厨柜、厨房设备模数。厨房的建筑模数同样为 3 M 的整数倍，在建筑工业行业标准《住宅整体厨房》中，考虑到普及性的要求，列出了不同开间、不同深度的厨房面积系列，同时还对厨房的最小净宽和最小净长作了要求，见表 3—1。

表 3—1　　厨房净宽、净长最小尺寸表　　mm

厨房平面形式	最小净宽	最小净长
Ⅰ型（单排型）	1 800	3 000
L 型	1 800	2 700
Ⅱ型（双排型）	2 100	3 000
U 型	2 400	2 700

厨柜、厨房设备的基本模数也为 1 M。厨房设备允许分模数，分模数基本为 1/10 M，1/5 M，1/2 M，其相关尺寸分别为：10 mm，20 mm，50 mm。

(5) 标准单元柜在宽度方向的基本尺寸（mm）：150，300，400，450，500，600，800，900，1 000，1 200。

(6) 厨柜配套设施与厨柜在宽度方向的呼应关系（mm）：

水槽与相关柜体的关系：600，900，1 000，1 200。

灶具与相关柜体的关系：600，800，900。

烤箱与相关柜体的关系：600，900。

洗碗机的协调尺寸：450，600。

消毒柜与相关柜体：600，700，800。

内置微波炉的尺寸：600。

内置冰箱的尺寸：600。

吸油烟机的尺寸：600，750，900，1 200。

吸油烟机的尺寸（内置）：600，750，900。

五金拉篮的尺寸：150，200，300，450，600。

(7) 厨房、厨柜与电器在宽度方向的模数配合规范。厨房内净空尺寸应在符合模数标准的基础上确保加 10～20 mm；每个单独的厨柜在宽度方向应在符合模数标准的基础上确保减 1 mm；在宽度方向与厨柜配合的吸油烟机和嵌入式电器的面板应在符合模数标准的基础上确保减 6～10 mm；嵌入柜内的电器和拉篮等功能件，在宽度方向应在符合模数标准减去厨柜柜体两侧旁板厚度的基础上确保减 3～6 mm。

(8) 厨房电器、柜内配套功能件在深度和高度的配合尺寸要求应符合相关国标要求，确保其安全、便捷地安装、使用和检修。厨房内因设计需要必须存在的烟道、管道井、墙柱等均应按统一的模数协调要求确定和控制最终收口尺寸，确保与室内部品件的完美配合。

对于厨柜而言，模数化就是标准化。只有住宅厨房部品件统一执行模数化收口原则，才能实现住宅厨房部品件工厂化生产、现场组装的要求，促进我国住宅厨房部品件的产业化进程和加速与国际接轨，提高参与国际竞争的能力。

3. 1. 2　整体厨房与集成厨房的概念

1. 整体厨房的概念

整体厨房是将厨柜、吸油烟机、燃气灶具、消毒柜、洗碗机、冰箱、微波炉、电烤箱、各式挂件、水盆、各式抽屉拉篮、垃圾粉碎器等厨房用具和厨房电器进行系统搭配而成的一种新型厨房形式。其中，“整体”的含义是指整体配置，整体设计，整体施工装修；“系统搭配”是指将厨柜、厨具和各种厨用家电按其形状、尺寸及使用要求进行合理布局，巧妙搭配，实现厨房用具一体化。它依照家庭成员的身高、色彩偏好、文化修养、烹饪习惯及厨房空间结构、照明，结合人体工程学、人体工效学、工程材料学和装饰艺术的原理，进行科学合理的设计，使科学和艺术的和谐统一在厨房中体现得淋漓尽致。生产厂商以厨柜为基础，同时按照消费者的自身需求进行合理配置，生产出厨房整体产品，这种产品集储藏、清洗、烹饪、冷冻、上下供排水等功能为一体，尤其注重厨房整体的格调、布局、功能与档次。

2. 集成厨房的概念

集成厨房是在整体厨房概念的基础上，对厨房的智能化、自动化提出明确要求，汲取“集成电器”的设计思想，使有限的厨房空间能够承载更多的功能，甚至在未来还可以通过网络技术等高科技的应用，把厨房变成现代家居生活的重要场所。集成厨房是整体厨房概念的延伸和提升，也是对传统生活观念和方式的改造和革命。

集成厨房的发展方向是智能化。这种厨房必须具有油烟处理、食品加工、垃圾处理、空气调节、水净化、自洁、存储、中央控制等主要功能。比如吸油烟机不仅能吸尽油烟，而且能将其产生的废气转化为清洁空气；电饭煲能按主人指令，自动按时完成量米、淘米、加水、煮饭等一系列功能；多功能微波炉能按储存的食谱进行运作自动加工生食；灶具也能自动点火加热锅内的食物，并按食谱自动选择火力大小，完成后自动熄火，同时具有意外熄火保护和漏气自动保护等功能；冰箱能根据存放食品自动调节温度、湿度及保鲜功能，还能根据主人的意思把缺少的食品清单发送至附近的超市，由超市上门补充；高性能的净水系统，经过净化的生水可以直接饮用，并且根据人们的喜好自动生成热水、冰水、常温水；采用特种材料制成的灶具、台面非常容易清洗甚至根本不沾油污；尤其是随着信息化技术的普遍应用，人们可以通过网络把厨房中一切电器与外面的世界相连，主人可以通过网络下达指令，控制厨房电器的运行。现基本已成熟的技术包括自动吸排油烟、垃圾粉碎、净化水、储存技术，但水平仍需进一步提高。

3.1.3 厨房的分类

厨房可分为“封闭型”和“开放型”两大基本类型，在此基础上，又常将其分成以下几种基础类型，即 K 型独立式，DK 型餐室式，LDK 型起居式厨房（K 即烹饪；DK 即用餐和烹饪；LDK 即起居、用餐和烹饪）。

1. K 型独立式厨房

独立式厨房是把做饭做菜的作业效率放在第一位考虑的高度专用空间，它与就餐、起居等空间是隔开的。这种类型厨房有 3 种基本布置方式：

（1）标准型。就餐空间同厨房之间用墙体隔开，把洗涤、做饭、做菜、储藏等功能集中一室。这种形式是我们日常生活中最常见的形式。

（2）柜台隔断式。就餐空间同厨房之间用低矮的柜台隔开，从厨房向餐桌传递饭菜很方便，内外空间混为一体。同时柜子还是储藏东西的地方。

（3）食品储藏型。把食品储藏和做饭准备作为一个独立空间与厨房分开。

2. DK 型餐室式厨房

餐室式厨房是把做饭和就餐团聚作为重点考虑的形式，共分为 5 种基本布置形式：

(1) 标准型。此种形式最常见，一般在厨房中设有餐桌，集做饭、就餐于一个空间。

(2) 柜台餐桌型。在一个厨房空间里用柜台把厨房与餐桌连接起来，构成一个共同空间。

(3) 快餐桌型。在厨房设有餐桌和快餐柜台，早上吃早点和吃快餐很方便。

(4) 半岛形（也叫对面作业型）。把水槽对着餐桌，用户可以一边洗着菜一边看着正在吃饭的家人，还可以同他们谈话，使家庭的气氛很融洽，是一种比较亲切的形式。

(5) 岛形（也称为对话备餐型）。把餐桌同操作台集中在一起做成岛形，主人可以一边同就餐人说话，一边备餐，是一种有趣的新形式。

3. LDK 型起居式厨房

起居就餐型厨房是把厨房、就餐、起居组织在一起成为全家交流的空间。这种类型有 3 种布置方式：

(1) 一间型。在一个房间里集中了做饭、吃饭、起居 3 种不同功能的空间，互相间用家具隔开，使用方便，比较经济适用。

(2) 家庭空间型。这种形式的特点是集就餐、休息、做饭于一体的形式，厨房与就餐、起居之间用快餐柜台隔开，使用便利，气氛融洽，具有日式的传统的共室特点。

(3) 半封闭型。厨房同就餐、起居空间都彼此邻近，但又分隔开来，从起居处看不到厨房，构成半封闭型。

3.2 厨房设计基础知识

3.2.1 厨房工作三角区

厨房设计的重点在于厨柜，而厨柜的设计重点则在于烹调方式与工作过程的功能实现。中餐的烹调过程，相对复杂许多。厨房中，通常包括 3 个主要设备：炉灶、电冰箱和洗涤槽。用户在三者间的活动路线将形成一个三角形，称为工作三角区（见图 3—1）。一般认为三角形三边之和应不超过 6.7 m，并以 4.5～6.7 m 为宜，过长将使人过于劳累。许多研究表明，洗涤槽和炉灶间的路程来回最频繁，因此，建议将此距离缩到较短。围绕每一设备的工作面和储藏柜应该因地制宜，根据实际需要安排空间。作为调理中心，牛奶、鸡蛋、黄油、面粉、糖、调味品等应储藏在那里。炉灶旁边应有足够的柜台，以布置碟、碗及相应的用具，诸如锅、铲、盘等，也应储藏在炉灶附近，这就形成了一个服务中心。而靠近洗涤池的地方，也就成了一个食物清洁的准备中心。在那里，需要储藏蔬菜箱、刀、削皮器、果实去心器、刷子等。

中餐具体流程如下：采购⟶储存⟶垃圾处理⟶料理⟶烹调⟶就餐⟶膳后处理⟶洗净。参见上面的烹调流程可以发现，烹调工作的次序动线安排合理、厨房设备布

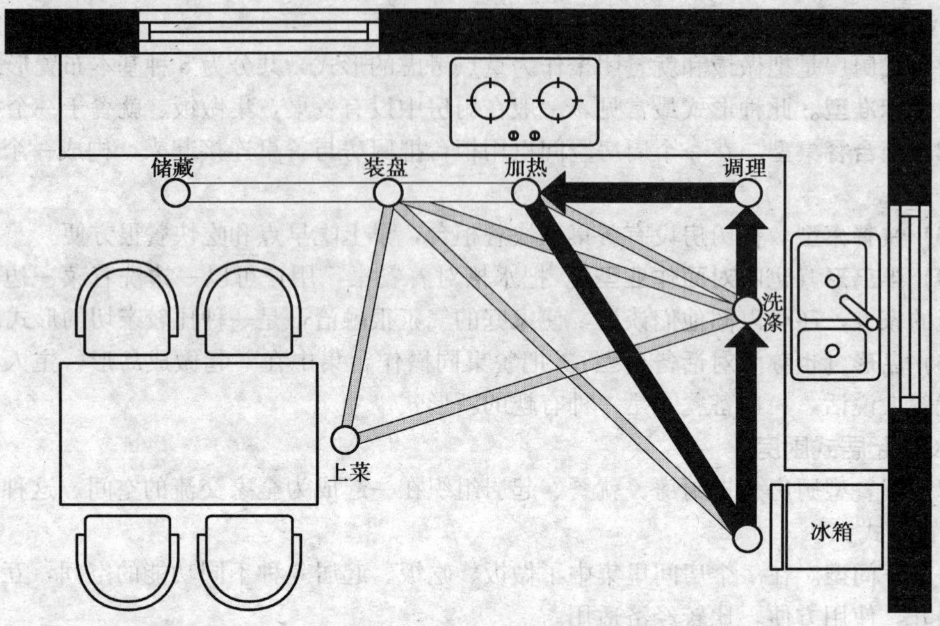

图 3—1　厨房工作三角区

置完善的话，就能使烹调工作更方便快捷。

由此归纳起来，厨房设备的三大基本功能就是：储藏、烹调、缩短作业动线。

3.2.2　厨房的布置形式

1. 常规厨房的平面布置形式

厨房的平面布置形式一般根据厨柜操作台面的平面形式来划分，大致可分为“单排型”“双排型”“L 型”“U 型”和“岛型”这五大类别。

（1）单排型。单排型又称Ⅰ型，它提供了简洁组合的工作中心，这种布置形式操作流程是连续性的，动线相对较长，不宜两人交叉作业，但有利于节省空间，如图 3—2 所示。

（2）双排型。双排型又称Ⅱ型，空间紧凑，经济，有较好的储藏空间和作业空间，可以容纳较多的设施，如图 3—3 所示。

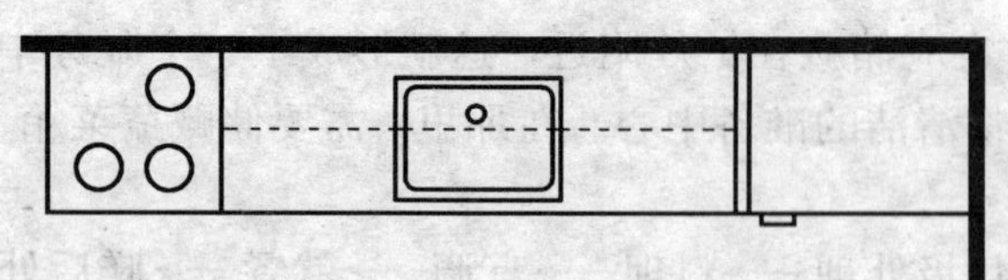

图 3—2　单排型布置形式

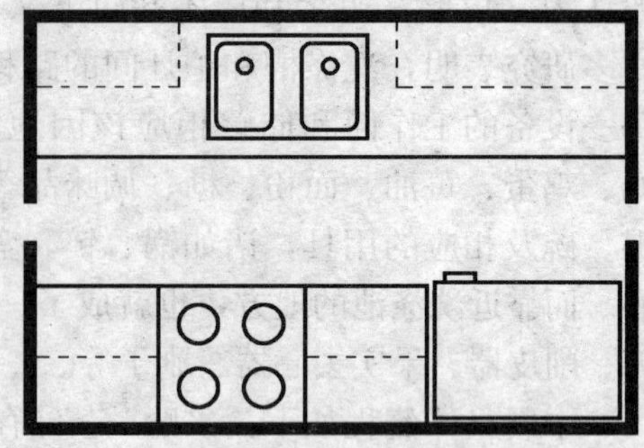

图 3—3　双排型布置形式

(3) L 型。L 型是比较理想的布置形式，操作流程更合理，动线比较紧凑。缺点是转角处容易形成死角，需要增加其他配件（如转篮、小怪物等），存放物品才方便，如图 3—4 所示。

(4) U 型。空间紧凑，经济，适合较大的厨房空间，可增设许多其他功能。缺点同样也是在转角处容易形成死角，如图 3—5 所示。

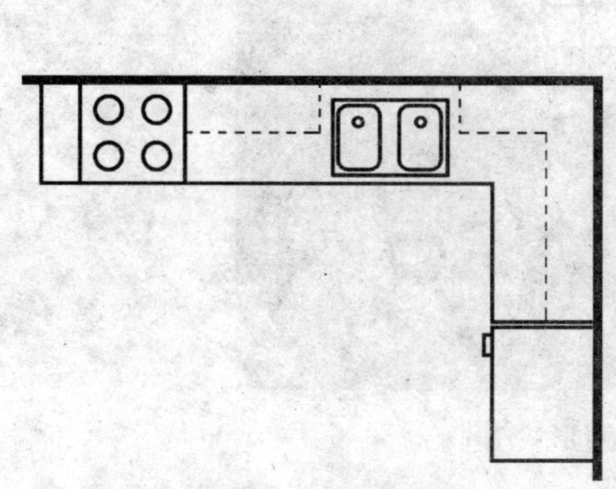

图 3—4　L 型布置形式

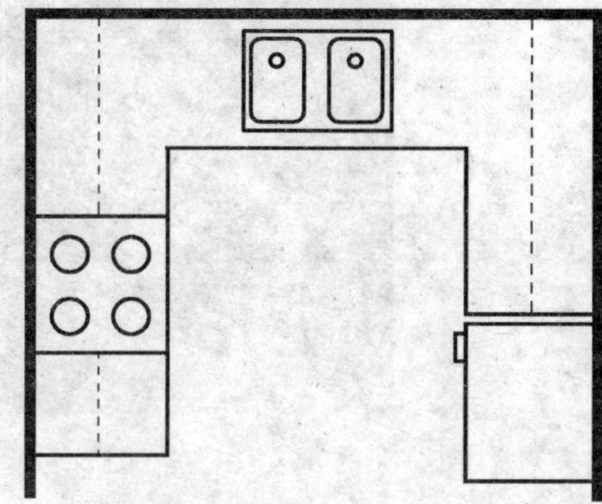

图 3—5　U 型布置形式

(5) 岛型。岛型布局拓展了厨房的概念，可用于小规模的就餐需求。厨房中间有一个独立的工作台，可缩短动线，活跃室内气氛，并且增加了工作面积和储藏空间（见图 3—6）。在设计岛型布局的时候，岛式工作台若安排水槽或者炉灶，则对管线及吸油烟机有特殊要求。

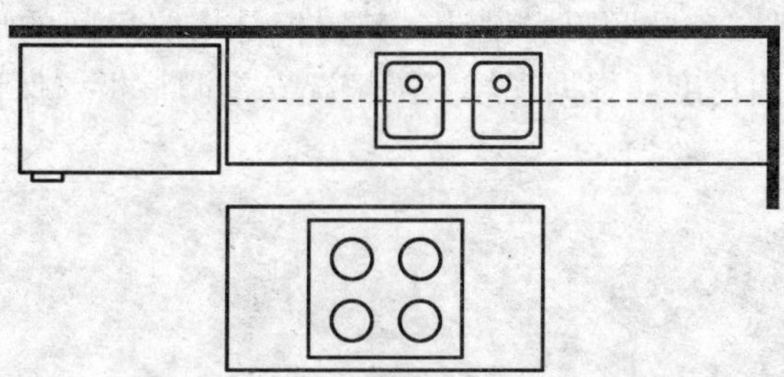

图 3—6　岛型布置形式

按照烹调流程与设计作业动线确定厨房的平面布置也不是绝对的。房型、建筑结构如管道井、排烟管、水管等不可抗拒因素也会牵制厨房的平面布置。这时设计师就应该综合考量，制定出最平衡的方案。

2. 异形空间厨房的布置

厨房内的配置不论是厨房电器、水槽、灶具，多为规则的矩形，若遇到厨房空间为异形，则很容易形成角落空间，造成空间的利用程度降低。而且整体厨房定制施工的标准化、规模化程度低，也会使其造价高于规则形的厨房。对厨柜设计师而言，为异形厨房下单更是比较头疼的问题。

图 3—7 所示的是一个异形厨房，而且还是落地窗户，很多墨守成规的设计师就不知

图 3—7　异形厨房布置形式 1

道如何应对这样的空间，本例用岛形设计巧妙地避免了种种缺点，让人有一种焕然一新的感觉，并且也完善地解决了厨房设备布置、厨房储藏等功能性问题。

关于厨房的空间设计，在接下来的内容中还会有具体介绍。只要深入了解了厨房空间，举一反三，其实异形厨房的空间设计并不难处理。而为异形厨房下单，则要求设计师从测量到安装，都要十分细心。

图 3—8 所示的是另一个异形厨房设计，其厨柜是按照房间的形状排列，那么设计师就必须精确测量建筑墙面角度，根据现场实际情况安排调整板，保证所有的抽屉、柜门在打开时不会受到阻碍。

图 3—8　异形厨房布置形式 2

3.2.3 厨房设计

1. 设计原则

厨房设计总的原则是标准性、实用性、美观性、安全性和精确性。

标准性主要体现在厨柜设计模数化，各柜体、厨房电器尺寸标准化等方面。

实用性主要体现在符合工作三角形和人体工程学原理，各种恰当功能配件的选用，柜体各部品件的合理摆放等方面，比如抽屉不要设置在柜子角落里，厨房门开启与冰箱门开启不要冲突等。

美观性主要体现在厨柜的造型和色彩，要符合使用者的审美情趣。不同阶层的消费对象、不同年龄及不同区域的消费者均有不同的审美观念，比如年长的消费者较喜欢古典式，色彩偏向厚实、稳重的类型。

安全性主要体现在科学合理的工况设计、环保耐用的厨柜材料等方面，比如冰箱不宜太接近洗菜池，避免因溅出来的水导致冰箱漏电；灶台要避免接近窗口，以防被风吹熄灶火引起煤气泄漏等。

精确性主要体现在厨柜设计的测量、制图及厨柜安装的过程中。一般厨柜是根据设计师测量的数据及绘制确认的图样在工厂内加工制作的，如果尺寸存在较大误差，将无法正常安装施工，使企业和消费者蒙受损失。

2. 厨房工况设计

厨房是居家生活中使用率和危险系数最高的地点。在厨房人们很容易发生意外的损伤，比如切伤、烫伤等。但使用者往往认为是自己操作的疏忽而造成这些损伤，其实不然，很多这样的损伤也与厨房工况设计的不合理有关系。

在厨房设计中，由于厨房用具、电器设备种类和功能有所不同，需要相对应的隐蔽工程设计来配合。隐蔽工程是指前期施工对投入使用的设备进行定位及布线。隐蔽工程设计的完善与否直接影响到厨房的整体空间以及使用者实际使用过程中是否便利。所以它也是不容忽视的一部分。

营造安全和便利的厨房环境，就要从以下几方面入手。

(1) 厨房安全设计

1）防撞。吊柜的高度以及吊架的挂设高度，甚至厨房中悬挂物的尺寸都要根据使用者的身高来设计，吊柜宽度应设计得比工作台小，避免使用者在操作中由于身体的活动一不小心撞上头。吸油烟机的高度也不能忽略，一定要以使用者身高为基准，因为吸油烟机的厚度是固定的，所以最好能比头部略高一点，否则“头破血流”不可避免。

2）防烫。灶台最好设计在台面中央，保证灶台旁预留有足够的工作台面，以便烹饪完毕时可安全地放置从炉上取下的锅或汤煲，避免烫伤。

3）防划。厨房的台面、厨柜边角或是把手，不宜采用尖锐的设计，稍带一些弧度修饰，可有效减少碰伤的可能。

4）防电。厨房电器的增加，也使得厨房中的电器安全显得尤为重要。在处理内置式家电时，在尺寸上应预留余地，以便电器出现故障时易于移动进行修理。冰箱在厨房的位置不宜靠近灶台，因为灶台经常产生热量，易影响冰箱内的温度。同时冰箱也不宜太接近洗菜池，避免洗涤时飞溅的水导致冰箱漏电。备用插座的位置应充分考虑，减少电线横陈的危险性。不可在水槽、电炉或其他炉具旁铺设电线，同时均需安装漏电保护装置。

5）防水。厨房是个潮湿易积水的场所，所有表面装饰用材都应选择防水耐水性能优良的材料。地面、操作台面的材料应不漏水、不渗水，地面材料还应选用防滑的面材，防止滑倒。墙面、天花材料应耐水、可用水擦洗。

6）防火。火是厨房里必不可少的，所以厨房里使用的表面饰材必须注意防火要求，尤其是炉灶周围要注意材料的阻燃性能。

(2) 厨房给排水设计

1）给水。龙头分为壁式和台式，壁式龙头给水高度以 1 050～1 100 mm 为宜，若空间较大或较小可适当增减。台式的龙头则需注意水槽是单槽还是双槽，两者位置略有不同。高度以 500～550 mm 为标准，太高会造成安装检修不方便，冷热水管距离以 100～150 mm 为宜，中心管距依厨柜长短而不同。厨房给水采用暗设管道，宜选用防腐性能佳的给水管材料。厨房给水采用明设管道时，管子中心距地面距离不应大于 80 mm，距墙面距离不应大于 80 mm。

2）排水。一般地面排水的情况最多，排水口最好设计在离墙 300 mm 处，若使用墙排水，最好设计在离地 300 mm 处。不管是墙排还是地排，位置皆宜设计于水龙头下方。厨房排水管道采用 PVC 管材、管件，如需加长时要避免出现 S 状，且端部留有≥60 mm 长的直管。水槽柜的水槽设置，水槽外缘至墙面距离≥70 mm，水槽侧外缘至给水主管距离宜≥50 mm。水槽必须配置落水滤器和水封装置；与排水主管相连时，优先采用硬管连接，并应保证坡度；当受到条件限制时，可采用波纹软管，软管与水平夹角应大于 30°。

(3) 厨房供排气设计

1）供气。有阳台的厨房，煤气开关设计在阳台开门或者开窗举手可及处为佳，这样既保证了安全，使用也相当方便。从煤气表位将煤气管引至厨房内的炉灶位置即可，但在设计中要注意尽量不要增加煤气管的长度，采取就近设置炉灶的原则，使柜体的结构和储藏功能获得合理的安排。若考虑到美观的因素，可将煤气开关设计在炉灶下方的厨柜内，尽量靠近开门的位置。

2）排气。在厨房内烹调的同时，会产生大量的废气及其他有害气体。解决的方法就是保证厨房的通风。除了自然通风，还能依靠一些设备如排气扇和吸油烟机。排气扇结构简单，价格便宜，但很难排除油烟。而在炉灶上方安装吸油烟机，就能很好地解决吸、排油烟的问题。

吸油烟机风口一般应大于 15 cm，若小于 15 cm，就无法取得很好的吸油烟效果。风管要保证畅通，同时根据现场格局情况，风管的安排尽量不要阻碍吊柜的结构和储藏功能。如图 3—9 和图 3—10 所示为两种吸油烟机烟管走向对错的对比图，吸油烟机的烟管不应在柜体内横穿，应该从吸油烟机排烟口上升至吊顶内再横向行至排烟口。若无吊顶而必须在柜体内横穿的，要减少烟管的弯曲，避免增加排烟阻力和积油，并使吸油烟机尽量靠近风口。

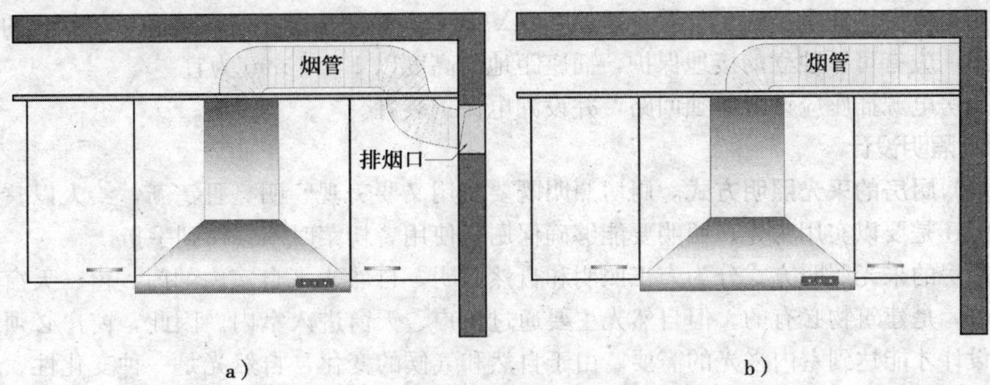

图 3—9 吸油烟机排烟管走向图 1

a）错误的排管方式 b）正确的排管方式

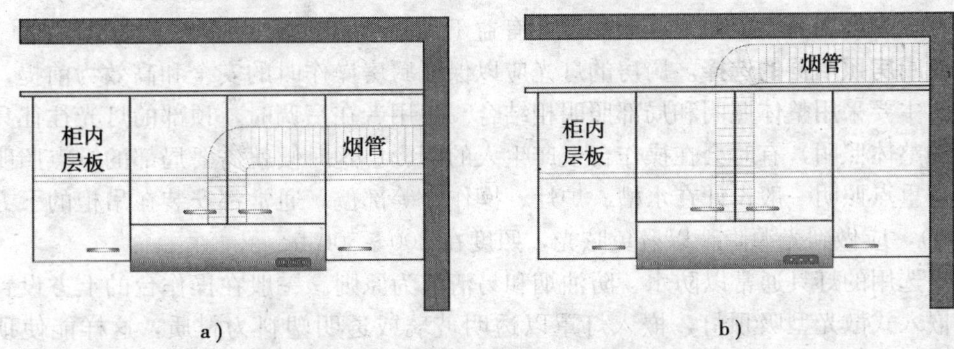

图 3—10 吸油烟机排烟管走向图 2

a）错误的排管方式 b）正确的排管方式

另外，排气设计还应注意以下问题：

①厨房吸油烟机的烟管通过外墙直接排至室外时，应在室外排气口设置避风和防止污染环境的构件。当吸油烟机的烟管排至竖向通风道时，竖向通风道的断面应根据所担负的排气量计算确定，应保证支管无回流、竖井无泄漏。

②严寒地区、寒冷地区和夏热冬冷地区的厨房，除设置排气机械外，还应设置供房间全面排气的自然通风设施。

③安装热水器的厨房，应预留安装位置和排气的孔洞。

④燃气热水器的排气管不得与吸油烟机的排气管合并接入同一管道；应单独接出室外，其给排气技术条件应符合现行国家标准 GB 16914—2003《燃气燃烧器具安全技术条件》的有关规定。

（4）厨房电源设计。厨房各类电器的电源插座，应选择有开关控制的插座为佳，高度在离地 1 200 mm 左右，一般视厨房具体格局而定。吸油烟机插座原则在吸油烟机上方即可，但避免在风管所走位置的后方。厨房电器用导线应采用带塑封的铜线，其截面应不小于 2.5 mm^2。

厨房应提供数量足够，位置合适的 220 V、10 A 防溅水型单相三线和单相双线的电器插座组，应有可靠独立的接地保护，插座距地面高度以 1 200 mm 为宜。

厨房电源插座应设置单独回路，并设漏电保护装置。

3. 厨房照明设计

（1）厨房的采光照明方式。厨房照明既要实用又要美观、明亮且清新，给人以整洁之感，但还是要以实用为先。照明要能够确保厨房使用者切菜时不会切到手指。

厨房的采光照明方式分为人工照明和自然照明。自然光来自室内的门、窗、天窗、天花板等，是建筑物必有的。但自然光主要通过窗户、天窗进入室内。因此，窗户必须有完善的设计才能达到室内采光的需要。由于自然和气候的变化，自然光是一种变化性、时间性的光。光线投射在厨房、餐厅、厨柜、食物上便能产生色与影。为了创造空间意境和室内气氛，厨柜设计师就需要设计合理的照明方案来配合厨柜设计，达到完美的效果。室内采光合理，光线明亮，能使人欢欣愉悦，有益于人的身心健康。

（2）厨房照明器的选择。厨房的灯光应以保证厨房操作时的安全和高效为前提，宜明亮均匀，主要采用整体照明和局部照明相结合。使用者在烹调时，顶部的灯光往往只顾及了厨房的整体照明，有时会在操作台上产生人的阴影。这时候就需要局部的重点照明来补充，局部重点照明一般设计在水槽、炉灶、操作台等部位，通常都安装在吊柜的下方（见图 3—11），应做到光源隐蔽以避免眩光，照度在 200～500 lx。

厨房选用的灯具通常以防水、防油烟和易清洁为原则。一般在操作台的上方设置嵌入式或半嵌入式散光型吸顶灯，嵌入灯罩以透明玻璃或透明塑料为材质，这样能使顶棚简洁，减少灰尘、油污带来的麻烦。若厨房兼作餐厅，可在餐桌上方设置单罩单火升降式或单层多叉式吊灯（见图 3—12）。光源宜采用暖色灯，不宜用冷色荧光灯。

（3）注意事项。照明的方式有很多种，直接照明、半直接照明、间接照明、半间接照明、漫射照明等。厨房的表现形式相对整个室内设计而言单纯许多，但还应与建筑、室内环境及设备协调，与其他设备统一，如设计为发光顶棚时候需考虑天花板内可能涉及的空调、烟感、音响等。

4. 厨房四大功能区的设计

厨柜设计考虑因素主要是如何充分满足厨房使用的四大功能，即储物功能、洗涤功能、配餐功能、烹饪功能，如何充分利用厨房的有限空间，增大空间的利用率。一般来说，最能体现厨柜设计科技含量的，就是其功能设计的合理性。自制的厨柜一般只有基本的储物功能，对于物品的取放、如何最大限度利用空间、如何延长厨柜寿命等诸多方面缺少考虑。而专业厨柜，在功能设计上就应该多方面考虑。比如水槽、炉具、吸油烟机都设

图 3—11　厨房吊柜下照明

图 3—12　厨房餐桌上方照明

计为嵌入式，美观大方；抽屉全部安装滑轨，举重若轻；使用各种功能性配件，最大限度地利用空间，方便存取等。因此，厨房的设计必须考虑到诸如人体工程学、优化工作流程（路程、时间）等因素。

3.2.4　人体工程学在厨房设计中的应用

厨房本身是为人使用的，所以厨房设计中的尺度、造型、色彩及其布置方式都必须符合人体生理、心理尺度及人体各部分的活动规律，以便达到安全、实用、方便、舒适、美观的目的。因此，设计师在厨房设计中要密切注意家具的尺度，以满足使用者的合理使用要求，提高厨房环境质量。

厨柜的操作高度要配合消费者的身高，要使消费者的操作高度和他的身高相适应。一般认为操作者手臂弯曲时，手肘与操作台面的间距在 10～15 cm 时是合适的台面高度，如图 3—13 所示。

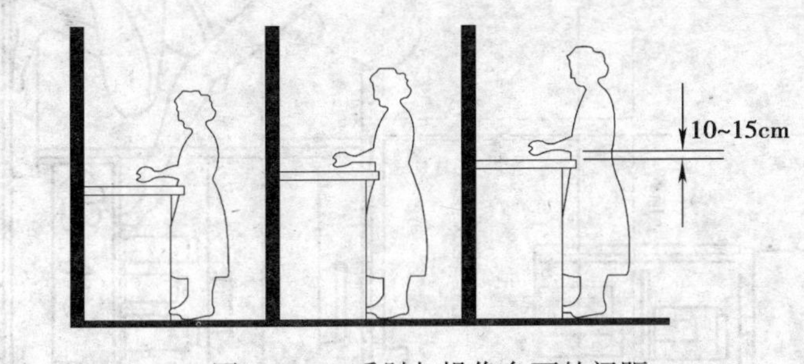

图 3—13　手肘与操作台面的间距

图 3—14 至图 3—20 是厨房常用人体尺寸，在厨房设计时可用作参考。

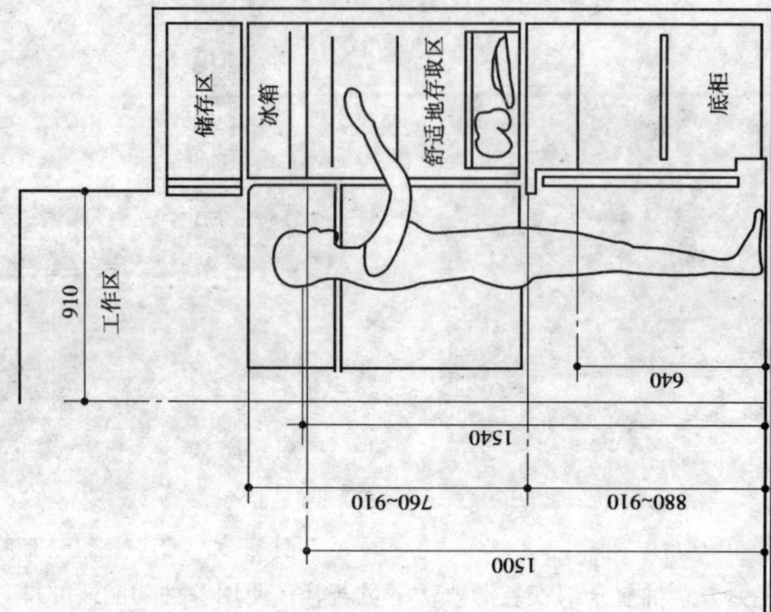

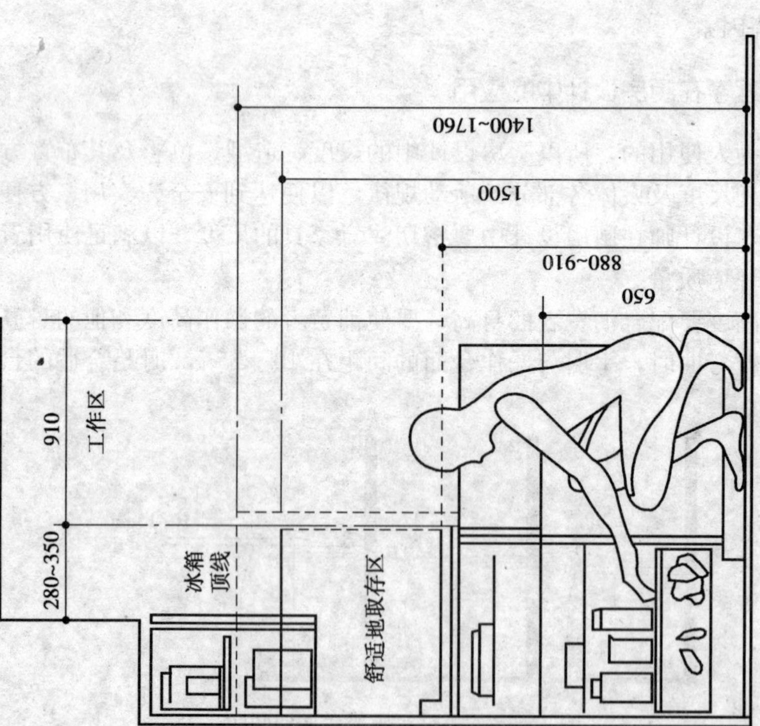

图 3—14　冰箱布置相关人体尺寸

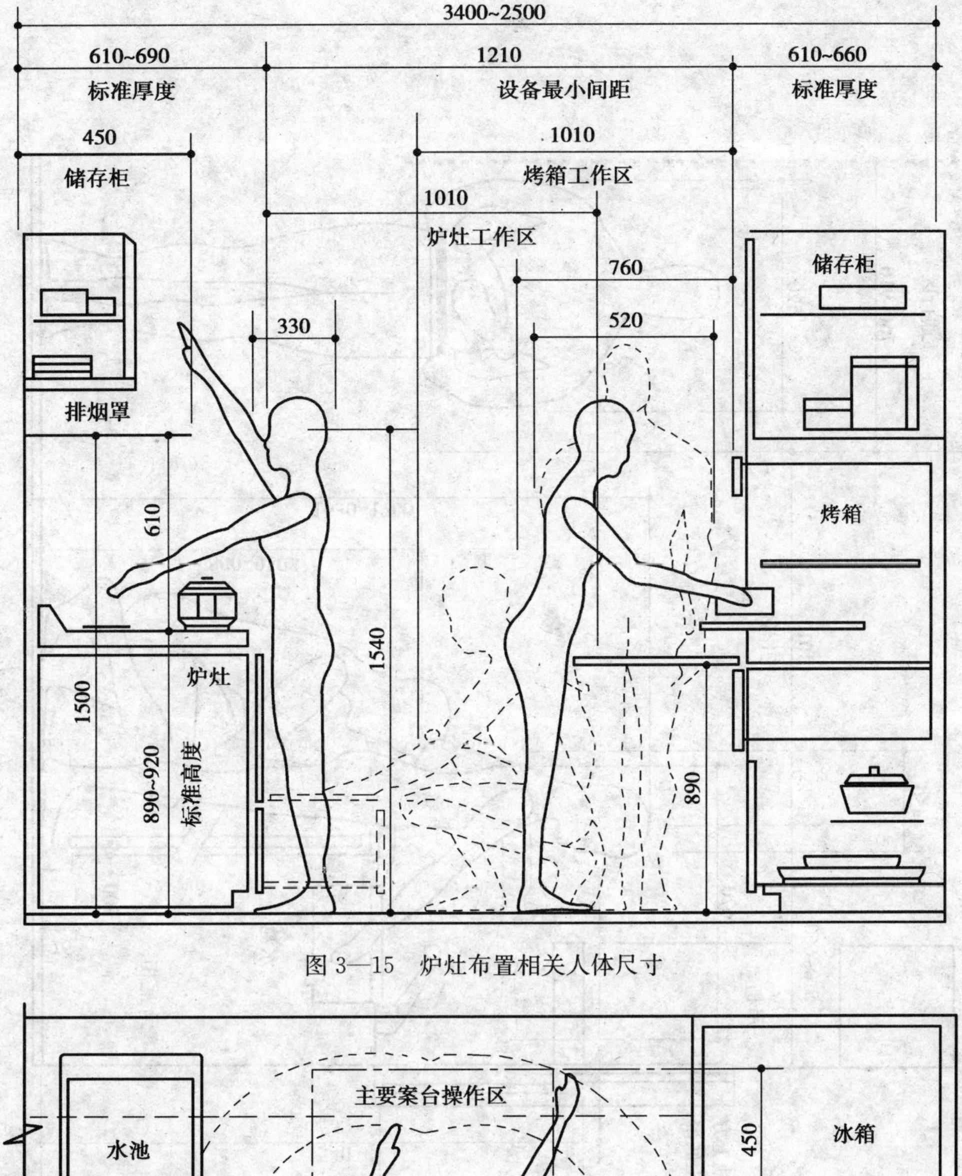

3400~2500
610~690
标准厚度
1210
设备最小间距
610~660
标准厚度
450
储存柜
1010
烤箱工作区
1010
炉灶工作区
760
330
520
储存柜
排烟罩
610
烤箱
1540
炉灶
1500
890~920
标准高度
890

图 3—15　炉灶布置相关人体尺寸

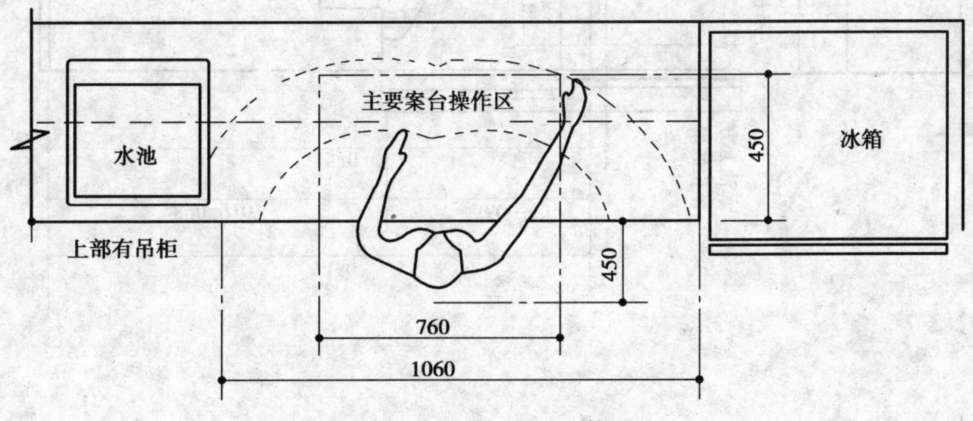

图 3—16　配餐区相关人体尺寸

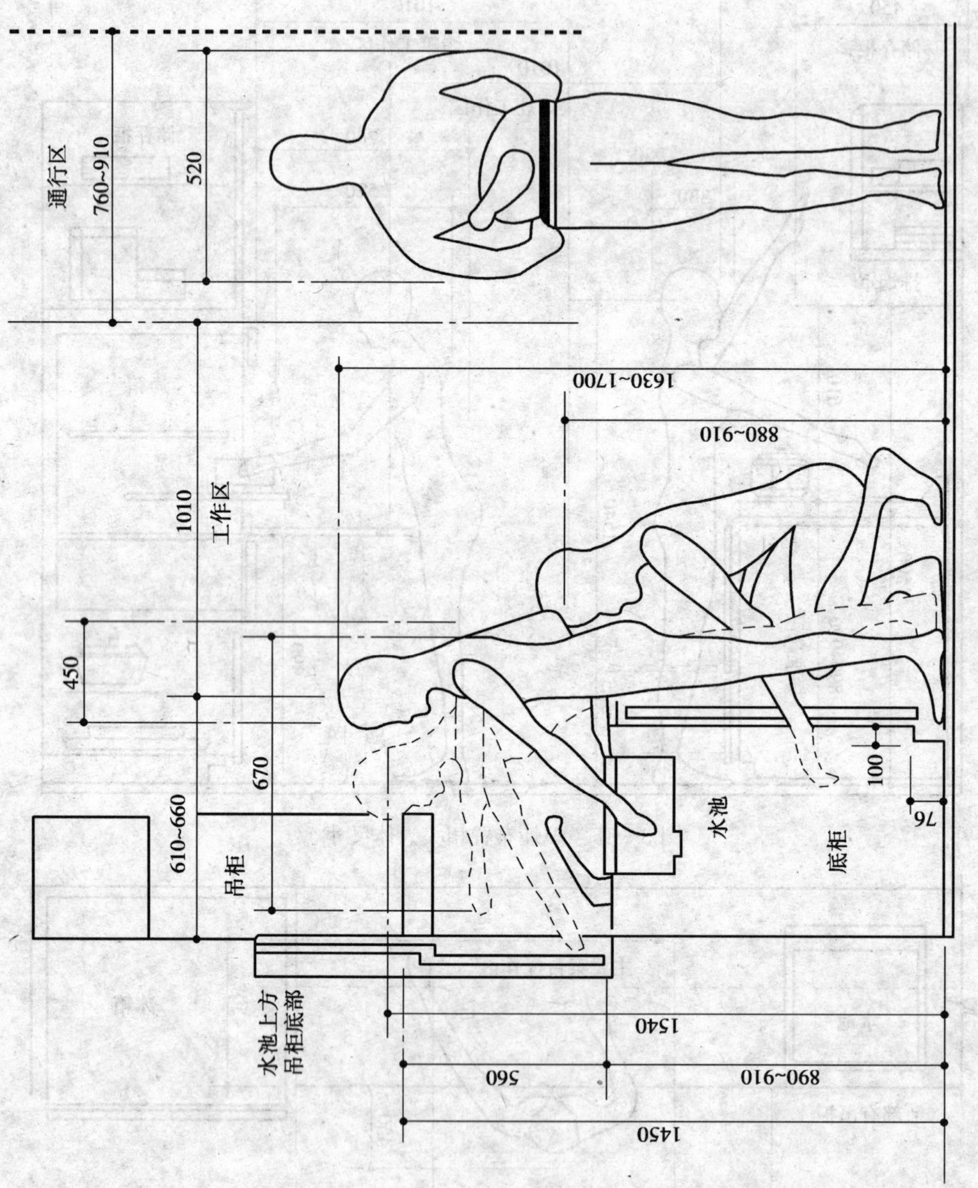

图 3—17 水池布置相关人体尺寸（立面）

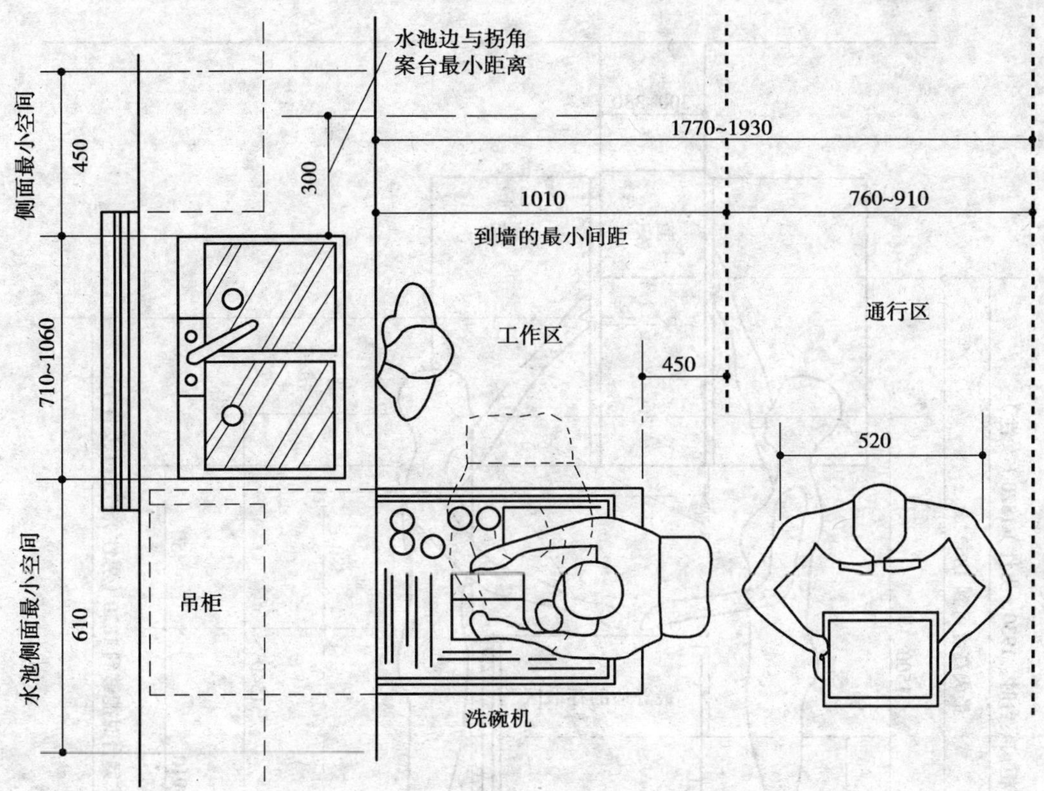

图 3—18　水池布置相关人体尺寸（平面）

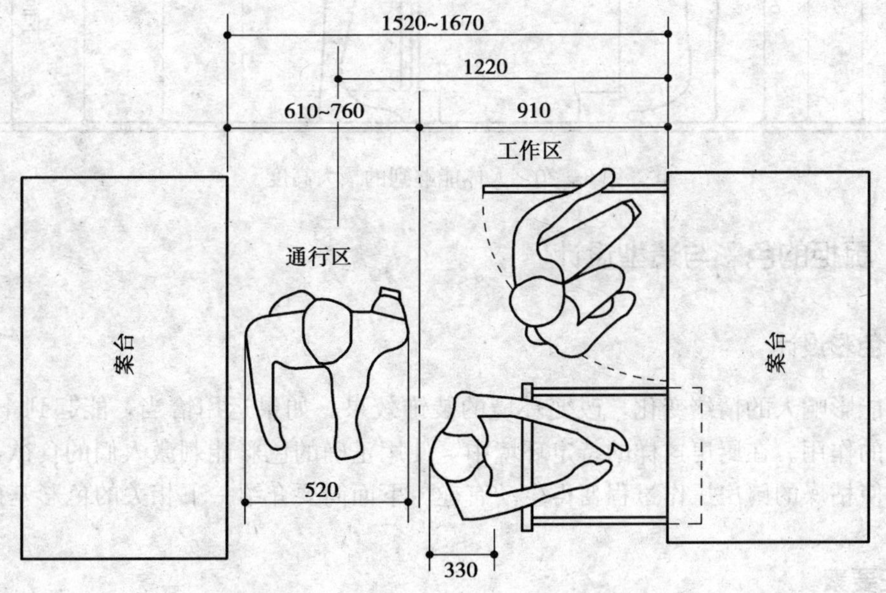

图 3—19　厨房平面相关人体尺寸

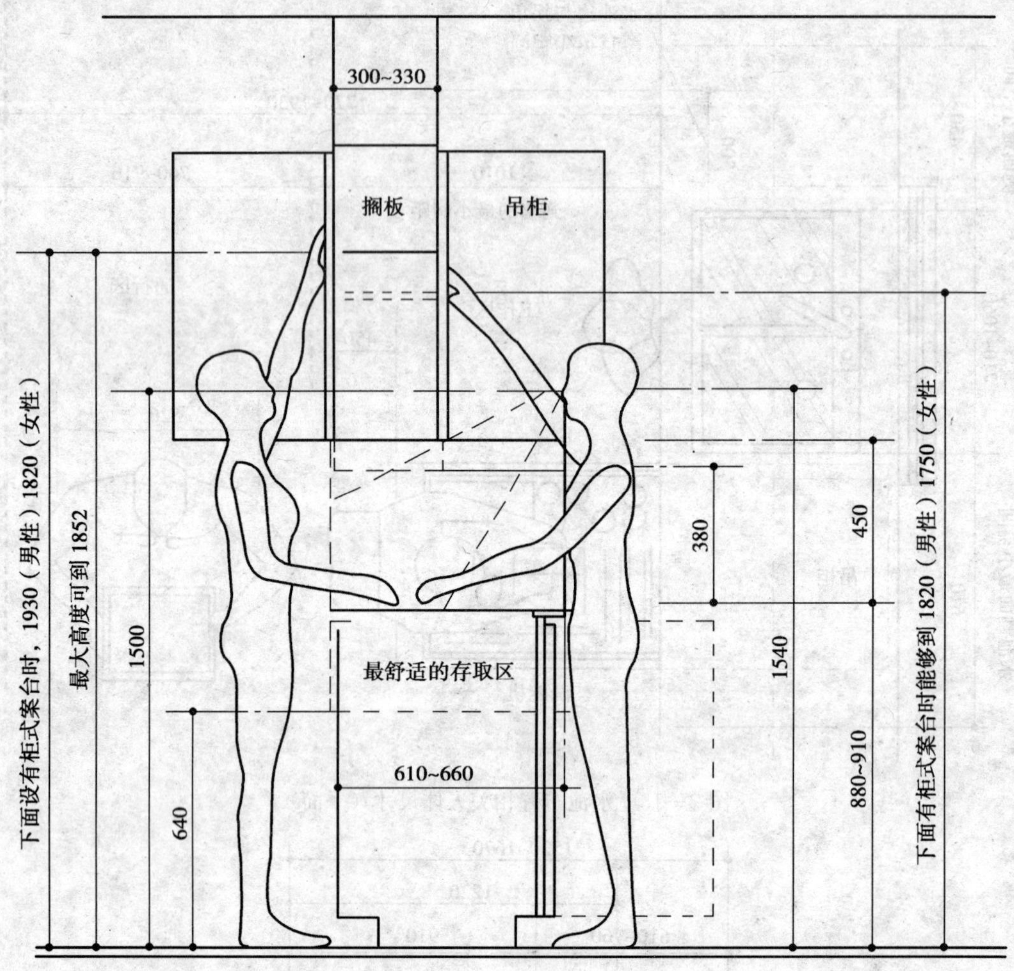

图 3—20 人体能够到的最大高度

3.3 厨柜的色彩与造型设计

3.3.1 色彩设计

色彩能影响人的情绪变化，改变环境的装饰效果。如果运用恰当，能起到丰富造型、突出功能的作用。在厨房这样的特定环境中，使用正确的色彩能刺激人们的食欲，使人心情愉悦，使枯燥的厨房操作过程变得生动有趣。下面简要介绍一下相关的色彩基础理论知识。

1. 色彩三要素

有彩色系的颜色具有 3 个基本特性：色相、饱和度（也称彩度、纯度）、明度。在色

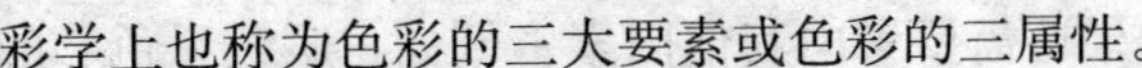

彩学上也称为色彩的三大要素或色彩的三属性。

(1) 色相。色相是彩色的最大特征。所谓色相是指能够比较确切地表示某种颜色色别的名称。如玫瑰红、橘黄、柠檬黄、钴蓝、群青、翠绿……从光学物理上讲，各种色相是由射入人眼的光线的光谱成分决定的。对于单色光来说，色相完全取决于该光线的波长；对于混合色光来说，则取决于各种波长光线的相对量。物体的颜色是由光源的光谱成分和物体表面反射（或透射）的特性决定的。

(2) 饱和度（彩度、纯度）。饱和度是指一种特定颜色的纯净程度，即色彩中色素的饱和程度的差别，饱和度越大的颜色也可称为颜色越“纯”。

饱和度越大的颜色就越醒目，情感表现力也越强；而不饱和的颜色则显得温和且视觉冲击力相对较弱。某种颜色的饱和度能左右人们对一幅图像的感性反应。低饱和度颜色看起来阴暗沉闷，但也可以诠释为和平静谧；而高饱和度的颜色生机勃勃、鲜明夺目。饱和度是颜色的一个重要因素，人们无时无刻不受其影响，然而却总在不经意之间。

有色物体色彩的纯度与物体的表面结构有关。如果物体表面粗糙，其漫反射作用将使色彩的纯度降低；如果物体表面光滑，那么，全反射作用将使色彩比较鲜艳。

(3) 明度。色彩的明暗程度叫明度，也称亮度。明度在自然界中存在数百种不同的等级，有时肉眼很难辨认出来。然而，形象艺术和摄影艺术中，明度的等级就大为减少，因为它们仅仅为了达成视觉上可察觉的效果。借助颜料、涂料或者硝酸银，图像可以获得一种接近自然的色调。在国际通用的孟赛尔颜色系统中，明度一般分为 11 个等级，从白色一直过渡到黑色。

然而，人们对明度的感知不是绝对意义上的，而是相对意义上的认知，明度值的大小受其周围环境的制约。准确说来，通过毗邻的深色和浅色的平列放置，对比效果改变了人们所感知到的图像或物体的明度值。明度是最基本的视觉要素之一，因为倘若没有明度的变化，人眼就不能感知到图像或物体的存在。

2. 色彩感觉

(1) 冷暖。物体通过表面色彩可以给人们或温暖或寒冷或凉爽的感觉。一般说来，温度感觉是通过感觉器官触摸物体而来，好像与色彩风马牛不相及。但事实上，各类物体借助色彩确实能给人一定的温度感觉。

红、橙、黄等颜色使人联想到阳光、烈火，故称“暖色”。如果让你想象燃烧的森林，如果你没看到图，听到“火”字，肯定会想到是红色，灼热的感觉。

绿、青、蓝等颜色与黑夜、寒冷相联，称“冷色”。夜晚被灯光照亮的大厦，感觉冷冷的。

红色给人积极、跳跃、温暖的感觉。蓝色给人宁静、消极的感觉。绿与紫是中性色彩，刺激小，效果介于红与蓝之间。中性色彩使人产生休憩、轻松的情绪，可以避免产生疲劳感。

人对色彩的冷暖感觉基本取决于不同色系的颜色所构成的色调。色系一般分为暖色系、冷色系、中性色系 3 类。色彩的冷暖效果还需要考虑其他因素。例如，暖色系色彩的饱和度愈高，其温暖的特性愈明显；而冷色系色彩的亮度愈高，其特性愈明显。

（2）轻重。各种色彩给人的轻重感不同，人们从色彩得到的重量感，是质感与色感的复合感觉。例如两个体积、重量相等的白色皮箱和黑色皮箱，用手提、目测两种方法判断木箱的重量，结果将是，仅凭手提难以对重量做出准确的判断，可是利用目测木箱的颜色却能够得到轻重感：浅色有一种向外扩散的感觉，给人质量轻的感觉；深色给人一种内聚感，从而产生分量重的感觉。

（3）膨胀与收缩。比较两个颜色为一黑一白而面积相等的正方形可以发现有趣的现象，即大小相等的正方形，由于各自的表面色彩相异，能够赋予人不同的面积感觉。白色正方形似乎较黑色正方形的面积大。这种因心理因素导致的物体表面面积大于实际面积的现象称“色彩的膨胀性”，反之称“色彩的收缩性”。给人一种膨胀或收缩感觉的色彩分别称“膨胀色”“收缩色”。色彩的胀缩与色调密切相关，暖色属膨胀色，冷色属收缩色。

（4）艳丽与素雅。一般认为，如果是单色，饱和度高，则色彩艳丽。饱和度低，给人素雅的感觉。除了饱和度，亮度也有一定的关系。不论什么颜色，亮度高时即使饱和度低也给人以艳丽的感觉。综上所述，色彩是否艳丽、素雅，取决于色彩的饱和度和亮度。高饱和度、高亮度的色彩显得艳丽。

除了上面讲述的色彩的几种特性之外，色彩的特性还包括联想、象征意义。对色彩的联想，不同年龄的人，想到的事物也不一样，例如中学生看到白色，容易联想到墙、白雪、石膏像、白兔等。成年人可能会想到护士、正义、白房子等。白色象征纯洁、神圣，例如新娘的婚纱都是用的白色，代表婚姻的神圣和严肃。

人们对某种色彩的偏爱与性格有很大关系，不同的色系具有不同的含义。因此，可以根据人们的衣着色彩、房间色彩等，分析其性格。下面给出大概的各色系及其代表的性格的对应关系。

红色：冲动，精力旺盛，具有坚定的自强精神。

橙黄色：对生活富于进取，开朗，和蔼。

黄色：胸怀远大理想，有为他人献身的高尚人格。

绿色：不以偏见取人，胸怀宽阔，思想解放。

蓝色：性格内向，责任感强，但偏于保守。

设计师在做设计的时候，根据设计对象、目的不同，必须合理地安排色彩的使用范围。

除了色彩的理论知识，厨房使用者的色彩倾向，以及厨房外其他房间的布置风格、文化背景和年龄差异，都是厨柜设计师在设计过程中需要注意的问题。一般而言，空间大、采光足的厨房，可选用吸光性的色彩，也就是冷色、明度低、饱和度小的色彩；反之，空间小、采光不足的厨房，则适合选用暖色、明度高、饱和度大等反光性较大的色彩。

3. 色彩在厨柜设计中的应用

在众多厨房空间设计中，人们在选择厨柜品牌、墙地面材料时，很容易单一思考某一方面的效果，而忽略了整体风格和色彩的搭配。因此，在厨房设计中，设计师要注意根据消费者已经选定的其他材料，界定厨房的风格，然后确定厨柜的色彩。

厨柜的色彩，重要的是要有主调，也就是所谓的色彩整体感。通常都以一色为主，附以其他颜色烘托主调。常见的色调有调和色和对比色两类。若以调和色为主调，就显得比较雅致，若以对比色为主调，则可获得明快的效果。但无论采用哪种色调，都要使它具有统一感。既可以在大面积的调和色中配以少量的对比色，以达到协调却不平淡的效果；也可以在对比色调中穿插一些中性色，以获得彼此和谐统一的效果。

彩图 10 中地柜是冷调蓝色，蓝色是最凉快的色彩，有明朗和凉爽的感觉，配合木色的边框，冷暖对比，使环境显得清爽、淡雅。

彩图 11 中厨柜色彩由白色和不锈钢的金属色组成，搭配橙色灯光，在时尚前卫、金属化的整体风格中给人温馨、柔润的感觉。并且橙色能引起人的食欲。

彩图 12 中厨柜色彩由黑色和白色组成，黑色是没有纯度的颜色，本身非常大气、稳重，白色洁白明亮，黑和白产生强烈的视觉冲突，使得这组厨柜显得非常豪华和品质优良。

彩图 13 中厨柜的色彩由大块面的白色和金属组合而成，给人明快、洁净的视觉感受。金属的特殊质感冰冷、前卫，带来高科技、超现实主义的风格。

彩图 14 中厨柜的色彩由红色和黑色组成，红色纯度很高，让人感觉充满热情，黑色给人深沉、稳重的感觉，红色搭配黑色，突出了艺术性，明快且宁静。

彩图 15 中厨柜的颜色由红色和白色组成，这是一对相当夺目的颜色组合，两者对比更突出白色，显得洁白、明快，给人喜气洋洋的感觉。

彩图 16 中厨柜色彩是枫木色，门板面材有自然的木材纹理，原木给人自然、亲切的感觉。

彩图 17 中厨柜色彩是柚木色，搭配绿色背景，绿色对生理、心理作用都极为温和，与木纹色搭配，更显得厨房的自然、新鲜和宁静。

3.3.2 厨柜造型设计

1. 厨柜造型与消费者心理

任何造型艺术，都会影响人们的心理。一个好的厨柜设计，除了让人们在使用厨柜的过程中，获得直接的功效，还能让使用者得到心理的满足。从厨柜的使用功能到造型的点、线、面构成再到色彩以及采光照明，搭配合理都能使人的视觉、触觉获得直接的美的享受。审美和爱美是人类心理的自然需求，对厨柜设计师而言，突破僵硬的概念化、程序化的思考问题的方式，努力接受新思维、新事物，并掌握好造型设计的形式法则，结合使用对象的爱好，定能设计出新颖的，为众多使用者喜爱的产品。

从消费者选择厨柜造型时的心理特征来看，人们通常选择与自己爱好和性格接近的厨柜，但也有许多人是赶潮流的，市面上流行什么款式，就追求什么款式，这和人们的年龄、职业、文化素养等有关。一般老年人偏爱稳重、色调深沉、具有古典样式的厨柜，因为他们的认识经验中积累有这方面的感性认识。而青年人的认知经验中更多的是现代生活中的事物，因此求新、求异、求奇是他们选择厨柜造型时的心理特征。

因此，厨柜设计要掌握好消费者选择造型时的心理特征及使用对象的爱好，使厨柜的造型设计具有鲜明的性格。如素雅大方、古朴庄重、华贵时尚、轻巧活泼等。设计师更需通过对市场信息的调查不断设计出新颖的、为众多使用者喜爱的产品。

2. 造型设计基本法则

造型设计法则涉及的基本要素有比例、尺度、平衡、和谐、统一与变化以及对比等，这些要素都是影响美感的因素。

（1）比例。厨柜的比例包括两方面的内容，一方面是整体或者局部自身长宽高之间的尺寸关系，另一方面是整体与局部或者是各局部之间的尺寸关系。比例相称的形，能给人以美感，大凡效果好的厨柜都具有良好的配合比例关系。比例关系是决定厨柜形式的关键，比例关系可以是数值上的、数量上的、抑或是程度上的。判断一种比例关系是否和谐、是否具有美感，往往需要从整体的角度去判断才能得出结论，一个独立的不和谐的比例关系，在另外一种环境，有时能消除不和谐的感觉。

在厨柜设计中，比例关系的应用受到一定的限制。因为厨柜柜身尺寸是受标准化制约的，比例主要应用在门板尺寸设计上。在平时厨柜设计实践中，常能看到比例不和谐的例子，如一套厨柜门宽一般在 450 mm 左右，而出现两块 600 mm 宽的柜门，这是无法体现美感的。

（2）尺度。尺度法则是指相对于某些已知标准或公认的常量来划分物体的大小。尺度是一个相对性的概念，尺度分为物理尺度和视觉尺度。物理尺度是绝对的，是使用标准测量工具测得的物体尺寸；而视觉尺度是根据已知近旁或四周部件尺寸所作的判断。

在设计实践中，运用尺度法则是一种有效的设计手法。超出一般人习惯的尺度设计，往往能带给人强烈的感受而引起人注意。如手机造型，手机刚面市时是清一色的“砖头”设计，经过技术改进，开发商推出体积小了三四倍的“掌中宝”手机，一下子把消费者吸引过去了。在厨柜设计中，超常规的尺度应用，也是一种有效的设计手法。

（3）平衡。造型设计中，运用平衡法则带有一定的普遍性，是广泛应用的手法。平衡法则的运用能带给人安全感。厨柜各部分是由一定的体积和不同的材料组成，常常表现出不同的重量感，运用平衡法则，可以平衡厨柜各部分的轻重感，使之形成一种基本相等而差别不大的视觉关系，从而获得造型设计的完整性和安定感，如图 3—21 所示。

对称是绝对的平衡，运用对称法则是最容易获得安定感的方法。对称在古建筑设计中广泛应用，以给人庄严、安定的感觉，但往往显得过于严肃、呆板。非对称平衡，指平衡轴心两边的形式不同，但在视觉上达到一种相对的平衡，这就是均衡，既保持了一定的视

图 3—21　运用平衡法则的造型设计

觉安定性，又达到灵活多变的效果。因而均衡是一种活泼的设计手段，是现代设计常用的手法。在主题平衡的情况下，融入点较强的非对称性，又是一种产生创意、个性的手法，如图 3—22 所示。

图 3—22　运用对称法则的造型设计

（4）和谐。和谐即协调，是一个综合概念，指厨柜在造型、色彩、肌理、材料等要素上达到一种统一感，与视觉的和谐一致。和谐是一种心理感受，判断和谐与否的根据是观察者是否有赏心悦目的感觉。厨柜外观的造型、色彩、肌理、材料之中，任何两个或各要素之间存在不和谐因素，都会出现整体不和谐。和谐是设计的一项基本要求，存在不和谐因素会影响整体美感，如图 3—23 所示。

图 3—23 运用和谐法则的造型设计

（5）统一与变化。在增强整体统一性的同时应注意，平衡与和谐的原则并不排除对变化与趣味的追求。完全的统一是绝对和谐的，但没有变化会让人感到沉闷和压抑。适当的变化，可以打破沉闷找到趣味，但过多的变化，又会使整体变得杂乱而让人心烦。

统一与变化的法则在厨柜设计中经常被采用。在一套厨柜中全部布置门板，就会得到统一和整齐的感觉，但未免过于沉闷；在当中插入一些抽屉、开放柜式层架板、玻璃门，整个画面就生动起来了，又不失统一，如图 3—24 所示。

图 3—24 运用统一与变化法则的造型设计

（6）对比。对比，即强调差异。没有对比，则没有生气，形象就不鲜明。在厨柜设计中，从整体到局部，从单件到成组，常运用对比的处理手法，构成富于变化的统一体，统一中的变化就是运用对比的手法来实现的。

1）线与形的对比。在厨柜设计中，经常采用曲线与直线的对比来求得造型的丰富变化，或者采用圆形与方形的组合，以取得形体上的对比，如图 3—25 所示。

图 3—25　采用线与形的对比的造型设计

2）方向的对比。在厨柜造型设计中经常运用垂直和水平方向的对比来获得丰富而生动的变化效果。比如，抽屉的应用，实际上就是横向抽屉与竖向门板形成方向对比的一种手法，如图 3—21 所示。

3）质感的对比。质感是不同材料表达出来的各种感性效果，如粗与细，亚光与亮光，光滑与粗糙，轻与重，硬与软等。不同的材质组合在一起，便形成了质感对比。在厨柜设计中，质感对比是经常用到的，如拉手与门板，铝型材与一般门板便形成了强烈的金属材质与木制品材质的对比，如图 3—25 所示。

4）虚实的对比（轻重）。在设计上封闭不透明的形体称为实（或重），开放透明的形体为虚（或轻）。实给人沉重、稳定的感觉，虚给人开朗、轻巧的感觉。在设计时，同时应用虚、实的手法，就形成了虚实对比。

在成功的设计中，虚实对比是经常用到的。一名出色的设计师往往能灵活地运用虚实对比的手法。在厨柜中，普通门是实的，玻璃门、开放柜、层架板是虚的。设计时，以实为主，适当插入一些虚的元素，能使设计明快活泼，又不失稳重。

5）韵律。这里的韵律借用了音乐上的概念，音符在特定时间段内重复、变化便构成旋律，给人听觉上的美感。在造型设计上，造型的元素在空间中重复、变化便形成韵律，给人视觉上的美感。造型的元素可以是实体，也可以是色彩。运用韵律法则的造型，在日常生活中是常见的，如公路上排放的路灯、旋转楼梯的围栏柱等。在厨柜产品中，也有韵律法则的引用，如围栏柜、古典线上的凹槽排列等，如图 3—26 所示。

图 3—26　运用韵律法则的造型设计

3.3.3　厨柜的设计风格

目前，各类主调色彩和不同功能、造型与材质的综合运用，形成了简约式、古典式、田园式、前卫式等不同的设计风格。

1. 简约式风格

特点是简洁、明快。造型上摒弃杂乱的线角，直线居多，力求用最简洁的语言表现空间。材质上常以木质材料、木质复合材料与合成高分子树脂材料等高科技材料为主要基材，营造较强的时代感和现代气息。禁忌杂乱的色彩，大多趋于淡色，套色采用互为邻近色，或互为对比色，甚至采用黑与白，如彩图 18 所示。

2. 古典式风格

特点是追求古典意韵，造型极具装饰感，注意整体与细节的修饰，强调门饰的线形与五金配件的统一。材质上利用丰富的线角及金属饰件（如铜件、铁艺等），并用各种实木、装饰玻璃与石材来丰富厨柜与空间界面。色彩上多用优雅的咖啡色、奶黄色等暖色系，搭配色彩柔和的材质，如彩图 19 所示。间或穿插欧洲古典风格的装饰图形使其更具贵族气质。

3. 田园式风格

不拘小节的设计反映在风格的多样化上，功能灵活并赋予诗一般的变化。造型自然、温馨、朴素。常用原木效果的厨柜，墙、地面也常用陶砖、木质地板、防水壁纸、耐火砖等贴近自然的材料。乡土气息的色彩使人感到清爽，色彩大多采用亲和力极强的暖色系，如彩图 20 所示。植物小品的配置是它突出的特征。

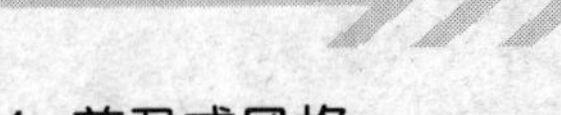

4. 前卫式风格

表现冷酷、机械、梦幻，甚至怪异的美感，造型上比较夸张。金属、玻璃、马赛克、新材料，甚至原始的水泥界面都可以成为设计的材质，从中体现出材料自身的美感。色彩以冷色系为主，间或在整体的灰、黑、白中穿插局部的艳丽色彩，充分表现自我，如彩图21所示。

3.4 厨柜展示设计

厨柜设计分为零售设计、工程设计、样品设计和展品设计。零售设计的重点是实用美观，工程设计的重点是客户群体均应喜欢，样品和展品的设计重在经典时尚且无抄袭之嫌。

3.4.1 展会设计

会展设计是一种实用的、以视觉艺术为主的空间设计。优秀的会展设计能使商品更显高档，并具诱惑力。给参观者留下深刻印象的展台，不仅是一个公司树立形象的立体标本，它也能传达公司及商品的具体信息和理念。

以厨柜为主题的展会设计，需要设计师前期深入细致地了解参展厨柜公司和厨柜的相关信息，精心策划、合理安排场地布局，标新立异地设计展台，以富有创造性的艺术表现手法来满足厨柜样品陈列的要求以及观众的观赏欲望。

同时，越来越多的大企业把展览会当成公关活动的好场所，展台设计还要考虑到与展览会期间企业计划举办的其他活动配套。除了展览本身以外，在展览会期间企业还会同时举行各种各样的会议、研讨会、表演或招待会等活动，因为展览会期间观众量大而且集中，这些活动与展览同时举行，影响大又可节约开支。这在另一方面对展台搭建提出了新的要求。

3.4.2 展厅设计

展厅是产品的自身与消费者对话的地方，是品牌的T形台，也是消费者认知企业价值的接触点。展厅或专卖店的设计风格及其现场效果将在潜移默化中影响顾客对厨柜产品、企业形象和厨柜品牌的印象。因此，展厅或专卖店的设计要凸显特色才能吸引消费者的眼球。

现在的消费者都注重消费理念，因此展厅的设计也应在这方面有所涉及，要让人们进入展厅后心有所盼、眼有所见和得到视觉的享受。对那些专程来挑选厨柜的人而言，这就不是单纯地在为了完成家庭装修任务而挑选厨柜，而是置身于其间预先享受制作美味佳肴的乐趣。适当的时候可以安排一些现场体验的环节，增加乐趣和品牌的诠释，展厅设计首先应该考虑的是参观者在体验时的方便和功能认知，比如行进路线的设置，款式、风格的展示和认识，以及展厅各个功能区域的清晰划分等，这样才能让进入展厅的客人觉得舒适而不是无所适从，从而潜移默化地提升产品的适对性和品牌形象，增加下单的成功率。展厅设计中，灯光的配置、整个展厅色彩的搭配等，都是非常重要的因素，是展示的科学性的体现。

在具体实施的过程中，处理好展品与展厅之间的关系是一个很重要的问题。展品是引导客户消费的一个坐标，也是展现产品结构和产品质量的一个平台。就展厅而言，要注重整体看点，统一风格；就展品而言，则要注重局部的卖点。这就要求设计师必须力求展品风格的多样化和展厅整体形象的完美统一。

职业技能鉴定要点

行为领域	鉴定范围	鉴定点	重要程度
理论准备	厨房基础知识	厨房环境	★★★
		整体厨房与集成厨房的概念	★
		厨房的分类	★★
	厨房设计基础知识	厨房工作三角区	★★★
		厨房的布置形式	★★★
		厨房设计原则	★★
		厨房工况设计	★★★
		厨房照明设计	★★
		厨房四大功能区的设计	★★
		人体工程学在厨房设计中的应用	★★
	厨柜的色彩与造型	厨柜的色彩设计	★★★
		厨柜造型设计	★★★
		厨柜的设计风格	★★

单元测试题

一、填空题（请将正确的答案填在横线空白处）

1. 国际标准 ISO 1006 规定，建筑基本模数单位为 1 M=________ mm。

2. 厨房可分为________和________两大基本类型。

3. 主妇在厨房内的活动路线形成一个三角形，称为________。

4. 厨房设备的三大基本功能就是储藏、烹调、________。

5. 一般认为操作者手臂弯曲时，手肘与操作台面的间距在________cm 时是合适的台面高度。

二、判断题（下列判断正确的请打“√”，错误的打“×”）

1. 模数协调的最基本原则是实现住宅部品件的通用性和互换性。（　）

2. 厨房的建筑模数为 3 M 的整数倍。 (　　)

3. 整体厨房是集成厨房概念的延伸和提升。 (　　)

4. 灶台最好设计在台面中央，保证灶台旁预留有足够的工作台面。 (　　)

5. 冰箱在厨房的位置不宜靠近灶台。 (　　)

6. 厨房给水采用暗设管道，宜选用防腐性能佳的给水管材料。 (　　)

7. 厨房选用的灯具通常以防水、防油烟和易清洁为原则。 (　　)

三、单项选择题（下列每题的选项中，只有 1 个是正确的，请将其代号填在横线空白处）

1. ________指住宅的宽度，是指墙中线至墙中线的距离。

A. 中线　　B. 开间　　C. 进深　　D. 半砖墙

2. 一般认为工作三角区三边之和以________ m 为宜，过长将使人过于劳累。

A. 3.5～7.6　　B. 4.5～6.7

C. 3.5～6.7　　D. 4.5～7.6

3. ________布置形式操作流程是连续性的，动线相对较长，不宜两人交叉作业，但有利于节省空间。

A. 单排型　　B. L 型　　C. U 型　　D. 岛型

4. ________布置形式的缺点是转角处容易形成死角，需要增加其他配件（如转篮、小怪物等），存放物品才方便。

A. 单排型　　B. L 型　　C. 双排型　　D. 岛型

5. 厨房内地面排水，其排水口最好设计在离墙________ mm 处。

A. 100　　B. 200　　C. 300　　D. 400

6. 厨房各类电器的电源插座，高度宜在离地________ mm 左右。

A. 600　　B. 800　　C. 1 000　　D. 1 200

四、多项选择题（下列每题的选项，至少有 2 个是正确的，请将其代号填在横线空白处）

1. ________ mm 是标准单元柜在宽度方向的基本尺寸。

A. 400　　B. 420　　C. 450

D. 500　　E. 600

2. 整体厨房中“整体”的含义是指________。

A. 整体配置　　B. 整体设计　　C. 整体施工装修

D. 整体销售　　E. 尺寸整体

3. 厨房可以分成________等几种基础类型。

A. K 型独立式　　B. LDK 型起居式厨房　　C. D 型独立式

D. LK 型餐室式　　E. DK 型餐室式

4. 厨房的平面布置形式一般根据厨柜操作台面的平面形式来划分，大致可分为

________等类别。

A. 单排型　　B. L 型　　C. U 型

D. 岛型　　E. 双排型

单元测试题答案

一、填空题

1. 100　2. 封闭型　开放型　3. 工作三角区　4. 缩短作业动线　5. 10～15

二、判断题

1. √　2. √　3. ×　4. √　5. √　6. √　7. √

三、单项选择题

1. B　2. B　3. A　4. B　5. C　6. D

四、多项选择题

1. ACDE　2. ABC　3. ABE　4. ABCDE

第 4 单元

厨柜设计实务

在读者对厨柜的构造、功能及环境设计等基础知识有所了解的基础上，本单元将介绍如何进行具体厨柜的设计。厨柜设计有一个严格工作流程，设计师在接到设计指令后，应对项目有全面和详细的了解，然后安排合理的程序，做到有条不紊地进行，这样才能既高效又完美地完成工作。

本单元介绍厨柜现场测量的程序和方法，强调方案设计过程中各种标准化守则，重点说明厨柜施工图及三维效果图的制图方法。

4.1 现场测量与设计

厨房的设计不能闭门造车，许多设计的数据、要求来自现场和房主，所以设计师必须亲临现场采集。不明确的环节要征得房主的确认，为后面的初步设计和定稿创造条件。设计数据、条件、信息的收集，必须按预定的要求采集周全，避免为补遗而重复往返奔波。

4.1.1 与用户的交流

在测量过程中，设计师除了对现场房屋、环境作详尽的测绘，还必须与用户沟通，了解其原始的设想和要求，比如对厨柜的布局、造型、色彩及功能的要求，将它作为重要的依据和原始档案材料，其中符合设计法则的采纳，不合理的通过沟通、解释进行修改。同时，要求用户在约定时间内提供吸油烟机、水槽、炉灶、消毒柜、微波炉、烤箱、冰箱等厨房用器具的说明书、型号，以及尺寸等资料。

4.1.2 现场测量

1. 测量的原则

(1) 尺寸为大。在厨房测量与设计过程中，任何关键尺寸的差错都将导致最终产品的差错。

(2) 细节为王。在厨房测量与设计过程中，任何关键细节的疏忽或信息传递错误都将导致用户最终的不满意。

(3) 正确引导、满足需求。用正确的方法了解用户，用正确的方案引导用户，用正确的流程服务用户，用优质产品和服务满足用户需求。

2. 测量

厨柜是一个非标准产品，它在尺寸上的允许误差一般在 5 mm 以内，另外，它和厨房内的其他结构有较多的牵连，在柜体的制作中，不提供精确的尺寸和其他条件是无法完成后期的生产制作和现场装配工作的。

(1) 测量的分类

1) 初测。初测的对象是粗糙的毛坯房，目的是为厨房作定性的设计。初测的内容包括了解厨房的房型和居室装饰格调；了解房主的要求和向房主提出要求；绘制厨房平面草图和相关立面图；记录测量数据并向房主确认；与房主交流初步的设计构思、厨房管道走向及处理方法等。

2) 复测。复测是通过对装修房的精确测量为最后的定量设计做准备。进行复测时必须具备一定的条件：

①已完成初步设计，而方案也已经过房主确认。

②已完成厨房的吊顶和墙面、地面的瓷砖铺贴工作。

③已完成厨房门、窗的装饰工程。

④烟道上排烟孔及有关的管道走向已符合要求。

⑤所有的电路、水路、煤气管路以及电源插座都按要求装置完成。

(2) 测量的内容。复测和初测的内容大致相同，但因为复测是为最后的定量设计做准备的，所以，测量的内容要求比初测更精密、细致，不容有差错。复测的内容包括：

1) 逐条核准初测后要求厨房装饰施工中配合的条件及施工质量，是否满足要求，如墙、地砖是否贴平，拼接是否水平，电源位置是否正确，吊顶是否吊平，排烟口是否在规定的（吊顶之上）位置，热水器水、气管口伸出墙面长度是否合适，位置是否准确等。不符合要求的应向房主提出更改要求，如无法更改应书面列出由房主确认。

2) 准确测量厨房与厨柜相关的长、宽、高及烟道、墙柱等的尺寸，煤气表、排烟孔及热水器的位置以及占有空间尺寸。

3) 准确测量台面部分的有关尺寸，按比例作图或采用放样的方式，准确记录尺寸和形状，其中，特别要注意量准台面的角度以及管道、烟道、墙柱的位置；复核所有电源插座位置、冷热水出口及排水管出口位置是否准确；了解吸油烟机的排气管在吊顶上的通径有无障碍，检查墙、地砖铺贴是否平整，转角是否标准（90°）；按现场情况复验、窗、门框、窗台尺寸。

4) 准确测量要嵌入安装在柜体内或柜体间的各种厨房电器设备的安装尺寸及开孔尺寸。

5) 最后，再次与房主沟通和确认初步设计。

(3) 具体测量方法

1) 厨房室内大的净空尺寸的测量。测量位置为地面和 850 mm 高度处。里口、外口各量一次，共量 4 次。最大尺寸为台面长度，小尺寸为柜体布置参考尺寸（设计时需考虑≤80 mm 的余量，以便于实现宽度方向按 1 M 的模数标准调整柜体设计）。比较室内净空总长尺寸与该台面管柱、墙面累加总长尺寸的差异，找出产生差异的原因并将其核定在正确范围内。

2) 台面尺寸的测量。测量位置为地面向上 850 mm 高度处。柱子的偏差值应用直角尺准确量定；墙拐角和偏差大的柱角可以用三角测量法：即量出墙角或柱角等边尺寸和外边端点间的距离，并精确标注其三边尺寸；弧面墙应找准与直边墙的切点并标注长度和弧高，同时用报纸精确剪裁放样并随图样带回生产部门。

3) 水、电、气管线及设备工况尺寸的测量，应首先与用户商定正确的位置，既要保证用户当前的需求，又要留足未来的接口，还要确保厨柜的顺利安装。尺寸标注要详尽、准确，符合国家相关规范。供电的进线容量一定要满足未来电器安全使用的要求。

(4) 测量时的注意事项

1) 测量时，刻度尺、钢卷尺一定要平直。

2) 读数时视线与尺面垂直。

3) 墙面有外凸情况时，应测量直线距离，卷尺不能随墙面弯曲。

4）对称位置平均尺寸的误差小于0.5%时，可认为是允许误差，不必考虑修正。

5）测量点遇墙角圆势时应避开，并在图上标注，若无法避开时，应找准与直边墙的切点并标注长度和弧高，对于难以测量准确的几何体（如不规则柱梁或不规则墙角）可采用纸板放样。

6）如发现厨柜安装位置外沿口小，贴墙处大（俗称倒喇叭）时，应考虑到实际就位的可能，必须重点说明。

7）墙体结构一定要了解清楚，发现有些墙体不能装吊柜时，一定要与用户书面商定确保安全的吊装方式。

8）发现因建筑原因造成的无法纠正的工况错误，一定要与用户反复沟通达成正确的书面意见后，方可将相关尺寸正确标注在图纸上使用。无法达成一致时，应书面落实善后责任。

9）最好向用户索要厨房装修图，以便更好地了解厨房装修后的情况。

4.1.3 测绘图的绘制

1. 绘制的步骤

（1）采用集成厨房网格测绘图，先画好厨房平面图。

（2）采用统一的集成厨房工况符号，标明烟道、落水、插座、热水器等工况的位置。

（3）经测量后标全尺寸线。

如图4—1所示是一幅平面测绘图示意图（mm）。

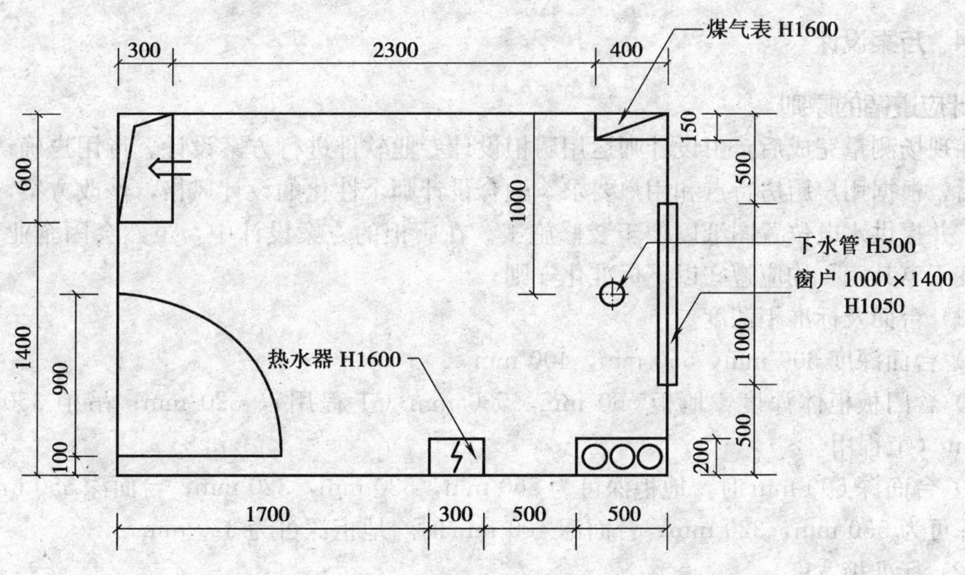

图4—1 平面测绘图示意图

2. 绘制的注意事项

（1）尺寸标注按先小后大、先左后右的顺序，高度注意尾数的准确性，标注方向向上、向左，标注单位一律用 mm，严防大尺寸尾数差错。

（2）平面图须准确清晰，尺寸线要开阔、清晰、精确，并确保不漏项。

（3）标注物体时统一按“宽×深×高”的顺序表示。

（4）当平面图无法标注和表达时，必须应用相应的立面图来标注清楚。

3. 编制技术说明

在测绘图记录完数据的同时，还应该对用户的要求及其他环境因素用详尽的文字作补充性技术说明。

（1）配件：锁定品牌、规格、尺寸，确定详细的与厨柜的配合结构和尺度，对未见到的配件应跟踪确认，并统一按“宽×深×高”的顺序标明。

（2）墙体结构：标明墙体结构，商定确保安全的吊装方式。

（3）气种：正确标明气种，确定气表位置或气罐柜的数量，确定燃气具的品牌、规格、尺寸，商定接口方案。

（4）环境：标明吊顶形式和高度，地、壁、顶、门、窗、照明等与厨柜的协调关系。

（5）用户使用人口、正常使用者的身高、与用户商定的色彩搭配、拉手的选择等。

（6）用户提出的合理的可实现的特殊要求，应注明可实现的技术措施。

（7）对用户的要求：应要求用户确保厨房装修后的工况与双方商定的下单方案一致，已经签约下单生产的方案不得更改，商定的自购电器和配件不得更改等。

4.1.4 方案设计

1. 设计应遵循的原则

在现场测量完成后，由设计师运用厨柜设计专业软件进行方案设计。待用户确认设计方案后，根据用户厨房特点和用户要求，融合设计师个性化的设计风格，修改方案，使之完善，并提供水电位置图纸以便于装修施工。在厨柜的方案设计中，虽然会因企业而异，但万变不离其宗，均应遵守以下标准化守则。

（1）台面及标准柜深度

1）台面深度 600 mm，550 mm，400 mm。

2）含门板柜体深度：地柜 560 mm，530 mm（工程用），320 mm；吊柜 350 mm，320 mm（工程用）。

3）台面深 600 mm 时，地柜深可为 560 mm，530 mm，320 mm；台面深 550 mm 时，地柜深可为 530 mm，320 mm；台面深 400 mm 时，地柜深可为 320 mm。

（2）标准柜宽度

1）宽度方向严格执行标准模数 1 M=100 mm；少数柜可采用 0.5 M。

2）调节板宽为 50 mm，100 mm。

3）其余柜宽系列为 150 mm，200 mm，300 mm，400 mm，450 mm，500 mm（500 宽 700 高的柜门比例协调），600 mm（地柜必用，可以做烤箱、微波炉、消毒柜等，用途很多），700 mm（地柜尽量不出现，吊柜可用），760 mm（750 mm 油烟机吊柜），800 mm，900 mm，1 000 mm，1 200 mm。

（3）最大柜宽限定原则。双门吊柜最大柜宽≤900 mm；三门地柜最大柜宽≤1 200 mm；调节宽度≤100 mm。

（4）让管道柜（即为避让管道把柜体深度做浅）为 200 mm，300 mm，400 mm；吊柜避让管道用背板前移的办法让背部的管道，顶底板所需挖缺尺寸在现场根据实际管道位置确定，无法与后面墙固定时，可借用其两侧柜体或墙壁固定。

（5）有转角柜的面不应有调节板（可以用转角柜的见光面调节）。

（6）有塔形吸油烟机面的吊柜无调节板。

（7）整套厨柜高度应根据使用用户的身高和选定的配件决定，一般最常用的地柜高为 660 mm，700 mm 和 720 mm 等；吊柜高为 300 mm，400 mm，600 mm，700 mm，800 mm，900 mm 等。踢脚板高为 60 mm，100 mm，150 mm 等。高柜、半高柜、中柜、开架柜等的高度应根据选用的吊、地柜及安装高度确定。

（8）变化在视觉重心两侧。视觉重心是指对称点或黄金分割点处。

（9）厨柜与顶格墙配合需用调节板时，整套厨柜不得超过 3 块，并应确保美观。非顶格吊柜不用调节板。

（10）转角柜离墙≥50 mm。

（11）在不影响上下对正效果的情况下，地柜调节板尽量放在转角处，目的是便于安装。

（12）在精装修后测量，且墙壁装修十分规范时，可用墙面总长减去 10 mm 来设计地柜总长，这时地柜安装后相互间的间隙可消化 10 mm 偏差值并保证地柜能顺利安装。此时相对应的吊柜布置可不用调节板（但可能有非标柜）。

（13）冷热水管与洗涤池龙头接口及阀门的安装高度为 500 mm，以便于洗涤池龙头软管连接。电气线路布置时，地柜嵌入电器使用的插座距地面高度尺寸为 300 mm，台面使用的电器插座距地面高度为 1 300 mm，与吊柜配合电器的插座距地面高度为 2 000 mm，供吸油烟机使用的插座距地面高度为 2 500 mm。

（14）排烟口应在离地面 2 200～2 500 mm 处，离内墙的距离一定要在吊柜旁板以内，正常应≤280 mm，排烟口直径为 ϕ=180 mm（一般国内生产的为 ϕ=150～180 mm、进口的有 ϕ=120～130 mm），如果有变压式排烟装置，应使其与柜体完全协调。严禁燃气热水器和吸油烟机共用同一烟道。

（15）煤气表应尽量安排在吊柜或底柜内，位置应便于安装柜体。柜体设计应充分考虑其开关便捷，煤气表柜可无背板和顶板，采用玻璃门或百叶门，煤气管应尽量协调到合适的位置。

（16）编制正确的柜体表，备注和说明应简明、无歧义，材料和配件无错项和漏项。

2. 设计方案的确定

设计方案的确定应符合如下要求：

（1）准确地测量厨房平面尺寸，尺寸记录要求规范、全面、精确。

（2）准确地标明供电、给排水、供气、排烟、插座、管线、接口位置和各自的用途。

（3）认真了解用户目前和将来在厨房内的配置：灶具、吸油烟机、水斗、冰箱、洗衣机、洗碗机等各种配件的情况（在利用现有空间的情况下，尽量为将来需求留出必要空间）。

（4）与用户共同商定厨柜的平面布置和配件接口。

（5）以标准柜来协调非标准柜，以尽可能少的“元素”组织丰富、实用的造型。厨房平面、立面、管线位置的标注尺寸，必须是室内装修结束后的最终尺寸。尽可能使每一个柜都有名称和具体的用途。以画龙点睛的变化，来提高整体设计的档次。

（6）厨柜色彩搭配和拉手配置，应在正确引导用户的基础上，充分满足用户的心理要求，其中，色彩搭配应向用户展示彩色立体效果图，拉手的配置应在最终的安装现场确定。

（7）根据用户特殊要求设计的部分，应由用户单独签字认可。

4.2 厨柜制图

图样是表达任何设计必不可少的工具。它需要有一个共同的语言去表达，以便让任何看图的人都能领会图样传递的意图。

4.2.1 制图方法

厨柜制图的方法一般分计算机制图和手工制图两种。计算机制图需要设计师对计算机及各类专业软件足够的熟练；手工制图具有快速表现设计意图，与用户即时沟通的效果，但手工制图对设计师的手绘表现能力有较高的要求。

1. 计算机制图

目前，厨柜的专业设计软件可供选择的很多，但大部分的厨柜公司还是用一些通用的设计软件来制图，如采用 AutoCAD 制作施工图、用 3ds max 制作效果图等。这些软件除了在厨柜行业，还在建筑设计、家具设计、机械设计等行业都有广泛地运用。

除了通用的一些软件之外，目前行业内也广泛地使用一些专业厨柜软件，比如“圆方”、20—20、KD 软件等，这类专业厨柜设计软件集平面图、立体图、工程预算等为一体，通过内部设置的模板，快速地展现设计效果，最大限度地简化了设计流程，提高了工作效率。

2. 手工制图

厨柜设计师到用户家中测量与沟通，如果具备一定的现场手绘的能力，能让用户直观地了解厨房最终效果，有利于提高设计效率和质量，同时也能展现厨柜设计师的专业水准，增加用户信任度，如图 4—2 所示。

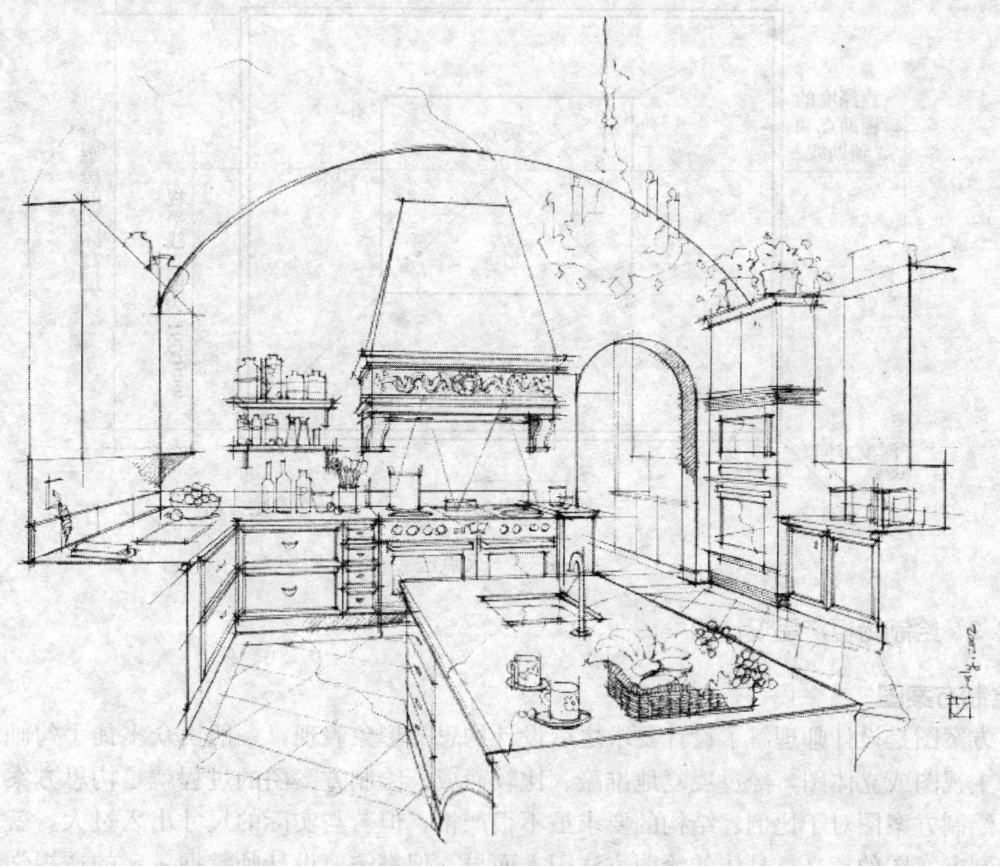

图 4—2　手绘效果图

手绘效果图一般采用铅笔、钢笔或彩笔描绘而成。所绘制的效果图必须与用户厨房工况完全一致，能准确地反映用户厨房的真实情况，但不能擅加最终无法实现的刻意美化的效果。手绘效果图还应注意选准视图方向，尽可能地将主要的厨房布置全面展现出来，防止产生歧义影响沟通效果。同时还应向用户表明，手绘效果图主要是现场沟通确定初步方案和设计方向，最终方案将以双方签字认可的下单方案和合同为准。

手绘效果图有量点法和算点法，现场手绘无法直接采用这两种方法，可在量点法的基础上，在视平线上确定灭点，视平线高度一般为 1 600 mm，高度方向和宽度方向按目测的同比例确定，深度方向通过找深度的辅助点和辅助线确定。在手绘效果图时，先画出与实际厨房净空尺寸相一致的厨房空间，然后画出门窗、柱管，最后画厨柜。绘图时所有深度方向的线均应与灭点相连，此绘图法也可称为灭点法，如图 4—3 所示。

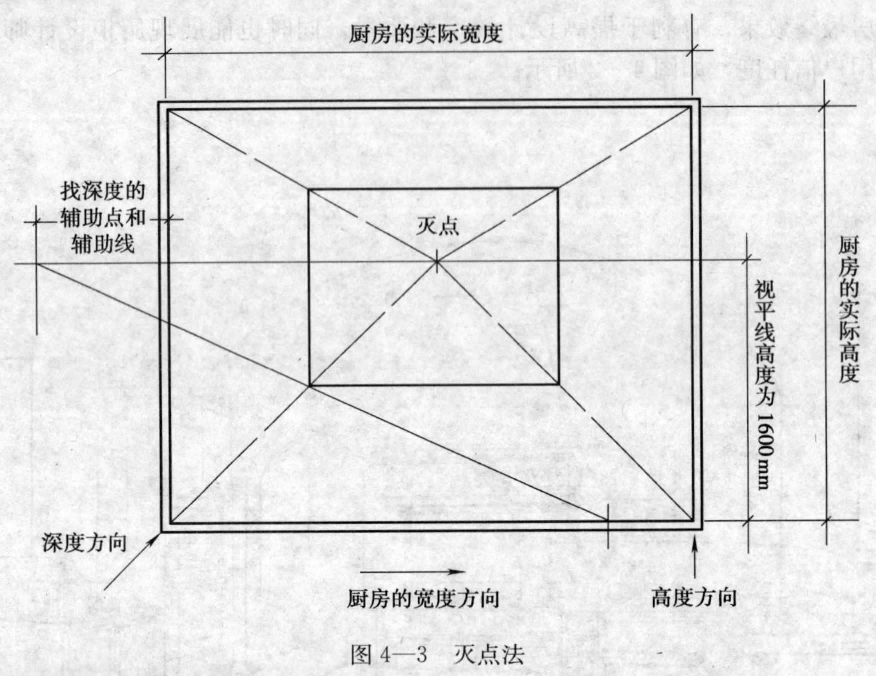

图 4—3　灭点法

4.2.2　绘制厨柜产品设计图

1. 绘制方案图

方案图是设计师理解了设计要求之后设计构思的形象表现，一般由众多徒手勾画的厨柜的主视图或立体图，经过反复地推敲、比较而成。绘制方案图的过程就是构思方案的过程。绘制方案图对于比例、结构的要求虽不很严格，但若与实际的尺寸出入过大，就失去了绘制方案图的意义。具体的绘图方法因人而异，但都需要设计师掌握一定的透视学原理的知识和透视图的基本作图方法。

2. 绘制施工图

（1）施工图的定义。所谓厨柜施工图也就是下单图，它是整个厨柜生产工艺过程和产品质量检验的基本依据。完整的厨柜施工图包括：平面图、立面图、台面图。

（2）施工图的特点。施工图是以明确的描绘形体轮廓的线条来表达设计意图的，所以，严格的线条绘制和严格的制图规范是它的主要特征。

厨柜设计也属于家具设计的范畴，在制图规范上一般要遵循家具制图的规范——QB 1338—1991《家具制图》。设计师需要掌握图线的画法、尺寸标注，以及各种符号、图例的使用。按照统一的标准绘图和识图，就会减少许多差错和误解，提高工作效率，保证设计质量，便于交流。

（3）使用 AutoCAD 软件绘制施工图实例。一般厨柜设计遵循从方案图、效果图到施工图的制图流程，为了便于读者理解方案图与施工图的绘制过程，这里通过一个厨柜设计的实例来说明。

1）绘制内容。根据彩图 22 绘制对应的平面图、立面图和台面图。

2）绘制目的。掌握制图规范；掌握 AutoCAD 软件的操作技能；掌握制图的流程和要求。

3）绘制要求。图中厨柜长 2 800 mm，吊柜长 1 000 mm。

4）绘制步骤

①启动 AutoCAD 软件，设置图层。制图标准中有对于图线设置的要求，也就是设置轮廓线、辅助线的粗细，目的是使施工图看上去更明了。因此，在绘图之前，需要先依据对线的不同要求建立新图层并命名。单击图标 即可在弹出的窗体中对其进行设置（见图 4—4）。如果需要的话，还可以设置得更仔细。设置图层是 AutoCAD 绘图的一个良好习惯，除了图线设置外，在作相对大型一点的施工图时，设置好的图层在图面整合时起着相当大的作用，读者在实践的过程中会慢慢有所体会。关于图层的设置不必跟此处的一模一样，读者可以根据自己的习惯和爱好自由设置。

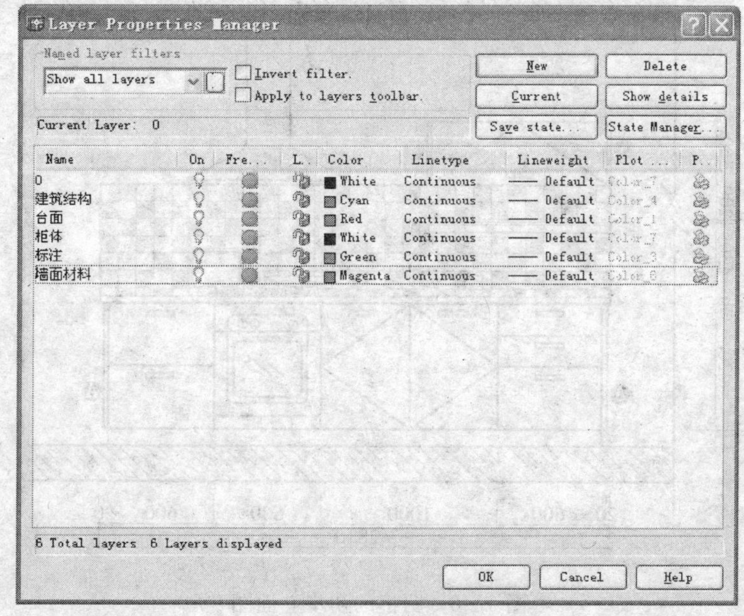

图 4—4 图线的设置

②根据所学厨柜基础知识确定地柜的深度为 600 mm，吊柜深度为 300 mm。绘制厨柜的平面图并标注尺寸，完成后的平面图如图 4—5 所示。从图中可以看出，一个完整的厨柜平面图，除了外轮廓，厨柜地柜的组合、吊柜位置和厨房电器的位置，都必须在平面图清楚地体现出来。

③绘制立面图。立面图除了将里面造型表现到位外，能表现的结构也要尽量表现出来。通过对前面章节的学习，参考厨柜的基本结构，可以发现要达到彩图 22 所示的效果，

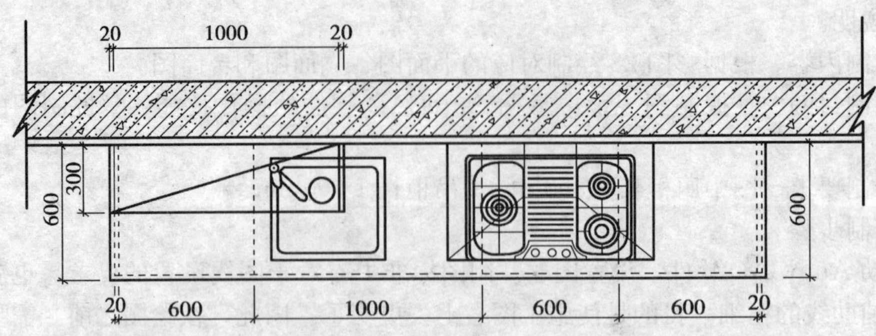

图 4—5　厨柜的平面图

在地柜和吊柜的侧面需设计装饰板，因此，在立面图中需要将它们表达出来。图 4—6 中标注 A 的部分为装饰板位置。

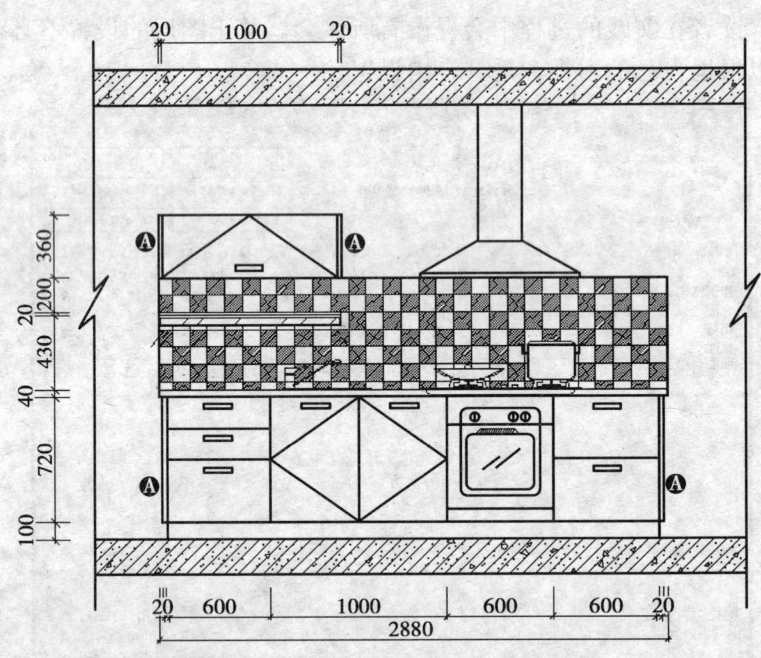

图 4—6　厨柜的初步立面图

④在绘制立面图时，除了厨柜的造型和尺寸需要表达清楚外，材料和一些特殊图例都需要用文字标注出来。完成后的立面图如图 4—7 所示。

⑤台面图绘制。现在市场上有很多台面材料可供选择，因此，用户在选择厨柜台面的时候往往选择的不是和厨柜生产同一厂家的产品。台面图是厨柜设计师提供给台面供应商的生产图，台面图的绘制相当简单，但它对准确性要求非常高，如图 4—8 所示。厨柜设计师要本着细心负责的态度，和使用者确定最终的位置，对市场各大品牌的厨房电器基本尺寸也要做到心中有数。

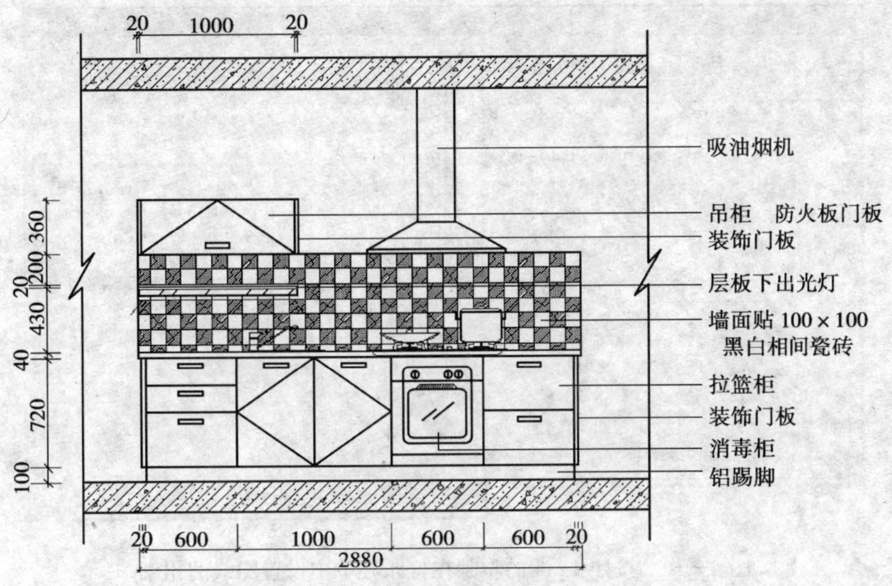

图 4—7　厨柜的完整立面图

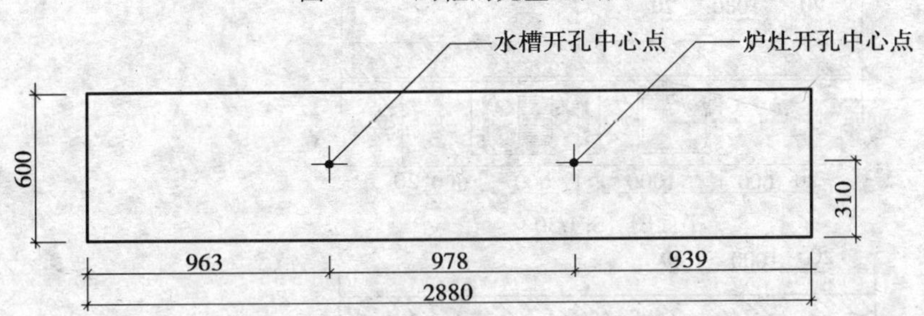

图 4—8　厨柜的台面图

⑥台面有后挡水、前挡水和止水的设计，以防止在厨柜使用过程中飞溅的水弄脏地面及柜体。而从图 4—8 中无法看出其挡水及止水的具体款式，这时就需要有对应的台面侧面图（见图 4—9）。另外，图示中并没有画出后挡水，是因为本案例中没有后挡水，但是，在设计实践中，在绘制台面侧面图时，设计师一定要充分考虑前后挡水的因素。

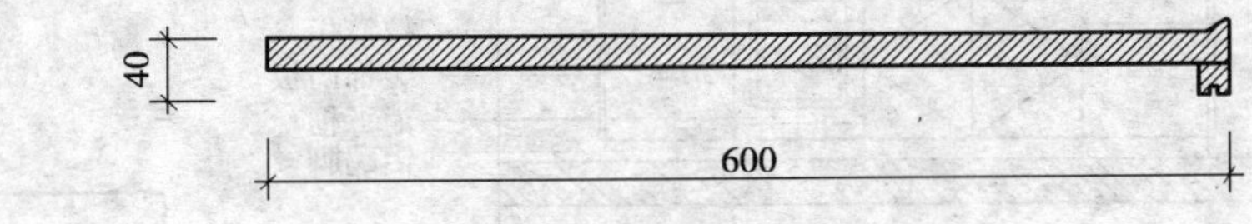

图 4—9　厨柜的台面侧面图

⑦完成了以上图形的绘制，就需要打印出图。首先，需要整理图纸，套好图框，然后标注好比例，设置好打印图线的粗细，如图 4—10 所示。从打印预览中达到如图 4—11 所示的效果，就可以打印出图了。

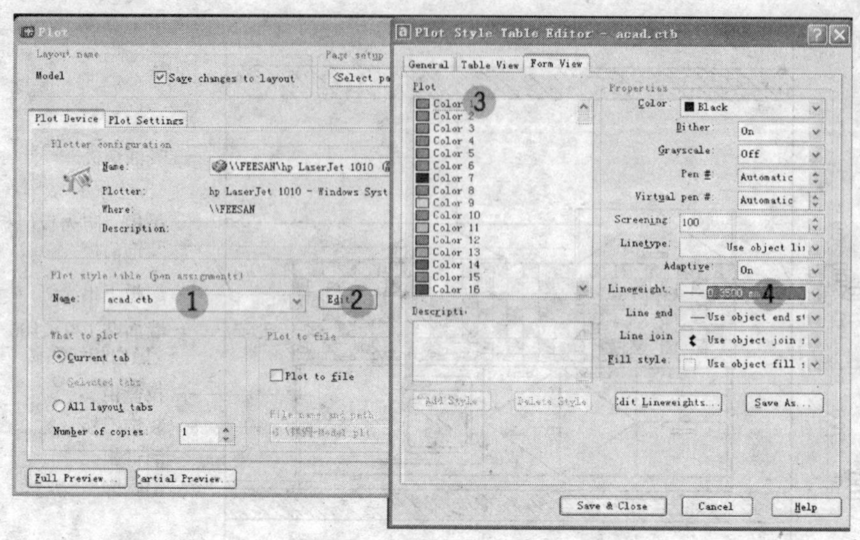

图 4—10　按照 1～4 的步骤在打印菜单中设置图线的粗细

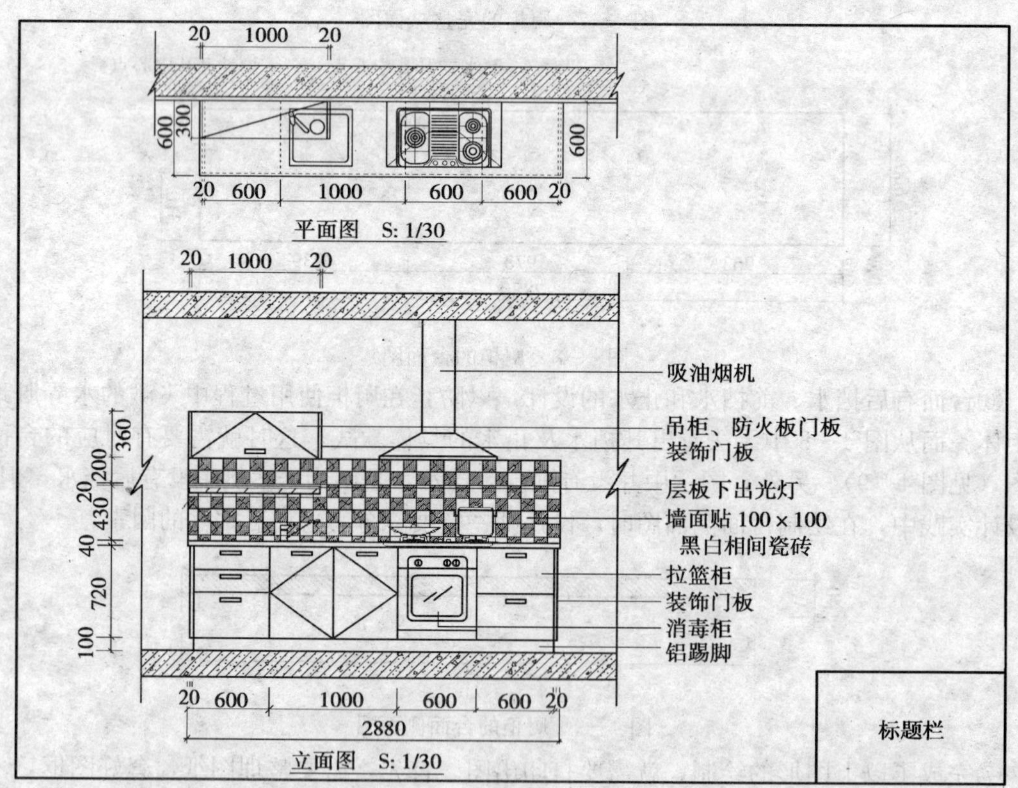

图 4—11　打印预览中完成后的施工图

关于图线的名称、形式及宽度，可以参考（见表4—1）。

表4—1　　图线的形式和应用

名称	形式	应用
实线	————	轮廓线、详图索引
粗实线	━━━━	剖切符号、图框线、标题栏处框线
虚线	------------	看不见的轮廓线、包括玻璃等透明材料后面的轮廓线
细实线	————	尺寸线、引出线
点画线	— - — - —	对称中心线、回转体轴线
打断线	——⌇——	假想断开线
波浪线	～～～	短距离的假想断开线

关于平面图中厨房配件的表示，可以参考表4—2。这些配件可以先绘制好存档，以便随时调用，加快绘图速度。

表4—2　　配件平面图图例

名称	图例
炉具	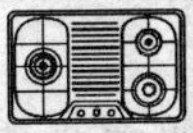
水槽	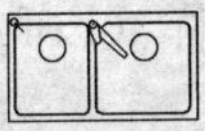
吸油烟机	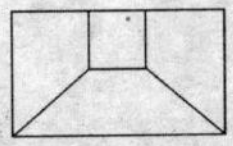
单门冰箱	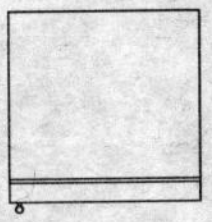
双门冰箱	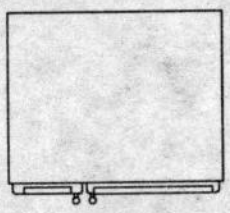

3. 使用三维软件绘制效果图实例

利用正投影原理绘制的平面、立面图，只能解决空间的构图设计和施工需要，它并不能表达人们对室内空间环境的直观感受。所以在某些特定情况下还需要绘制效果图来表现。

(1) 绘制内容。根据彩图 22 绘制三维效果图。

(2) 绘制目的。掌握 3ds max 软件在厨柜设计中的应用。

(3) 绘制要求。建模、灯光、材质的效果基本符合原图。

(4) 绘制步骤

1) 建立厨柜模型

①因为 3ds max 系统默认的单位是 m，在正式绘图之前，需要修改一下设置，将系统单位设置为 mm，如图 4—12 所示。

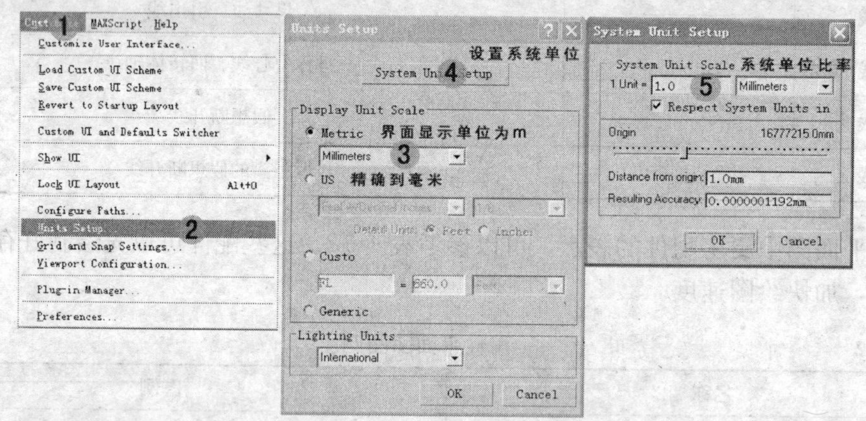

图 4—12 单位设置

②建立墙面、地面、顶面和摄像机位置（见图 4—13），然后运用挤压（Extrude）的方法创建门套，放样（Loft）出顶角线，如图 4—14 所示。

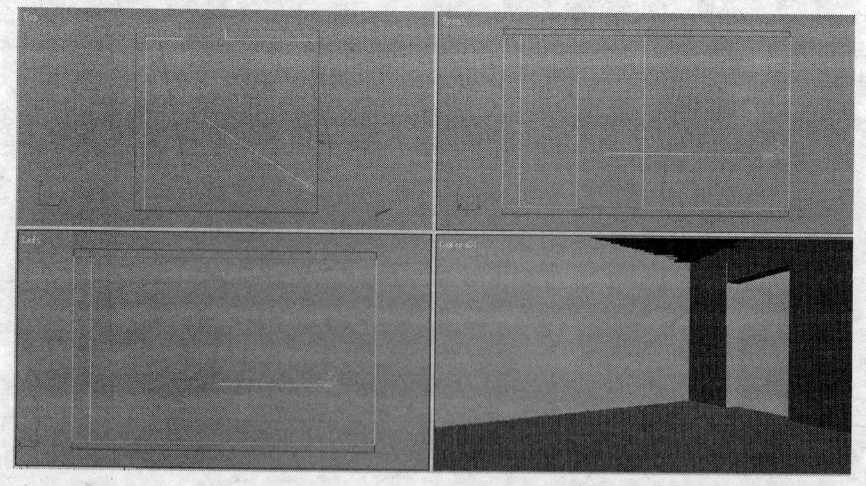

图 4—13 建立位置

③隐藏已创建的物体，创建厨柜柜体。

图 4—14 创建门套，放样出顶角线

在 Left 视图中，单击图标，在下拉菜单中选择 Extended Primitiv 扩展模型选项，单击 ChamferBox 图标，运行倒角立方体命令。参数如图 4—15 所示，创建抽屉门。

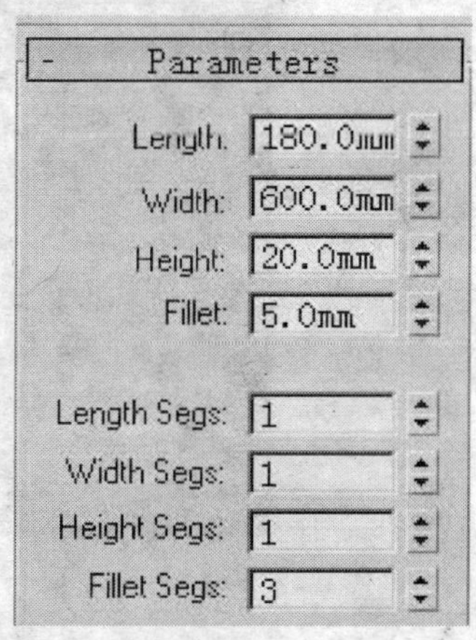

图 4—15 设置参数

④采取同样的方法，按照实际尺寸，创建完所有的柜门、柜体、踢脚板，并预留出消毒柜的位置，如图 4—16 所示。

⑤台面的绘制。隐藏已建立的模型，根据实际台面尺寸创建 box（正方体），然后使用 Boolean（布尔运算）运算创建出水槽位置，如图 4—17 所示。

⑥柜门拉手的绘制。在 Top 视图中创建一条曲线，参数如图 4—18 所示。

⑦释放所有创建的物体，将拉手逐一装上门板。从模型库内找出厨房家电模型导入场景，这个厨房的模型就建立的差不多了，如图 4—19 所示。

2）编辑厨柜材质。一张效果图要有真实感，最重要的就是创建有真实质感的材质。在任一视图中按 M 键打开如图 4—20 所示材质编辑面板。

①墙面乳胶漆的绘制。乳胶漆是生活中最常见的墙面材料。在 Diffuse: 中编辑出如彩图 22 所示的黄色，然后调整它的高光度和光泽度，在调整的过程中可以直接观察到样本球的变化，选择最贴近现实的效果就可以了。具体参数设置可参考如图 4—21 所示数值。

②防火板的绘制。同样的方法，编辑防火板的材质参数，参数设置如图 4—22 所示。

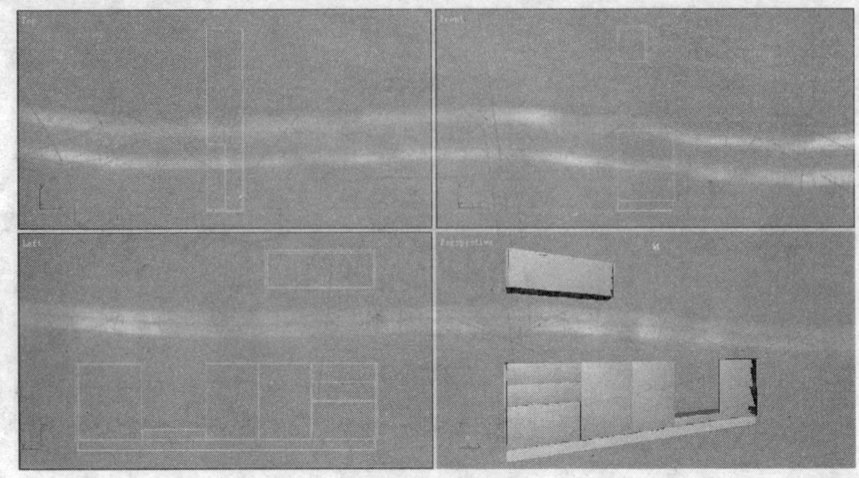

图 4—16　创建柜门、柜体、踢脚板

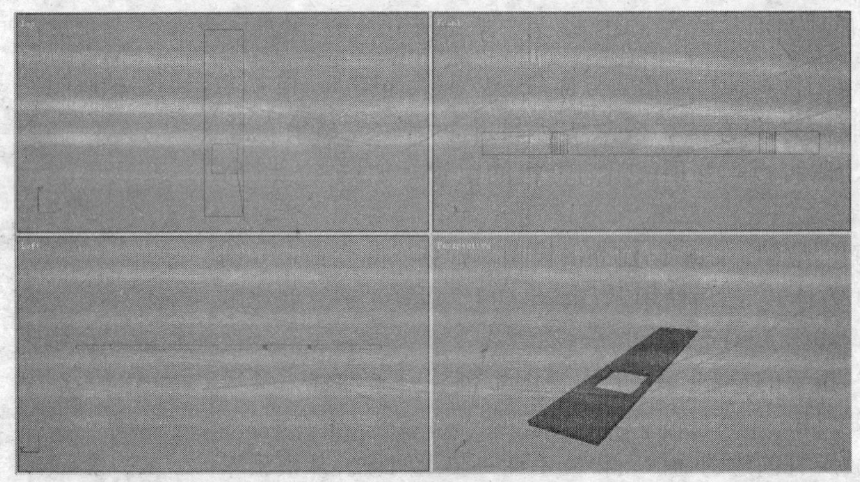

图 4—17　台面的绘制

- Rendering
Viewpor　Rendere
Thickness: 20.0mm
Sides: 12
Angle: 0.0
Renderabl
Generate Mapping
Display Render
Use Viewport

图 4—18　创建曲线

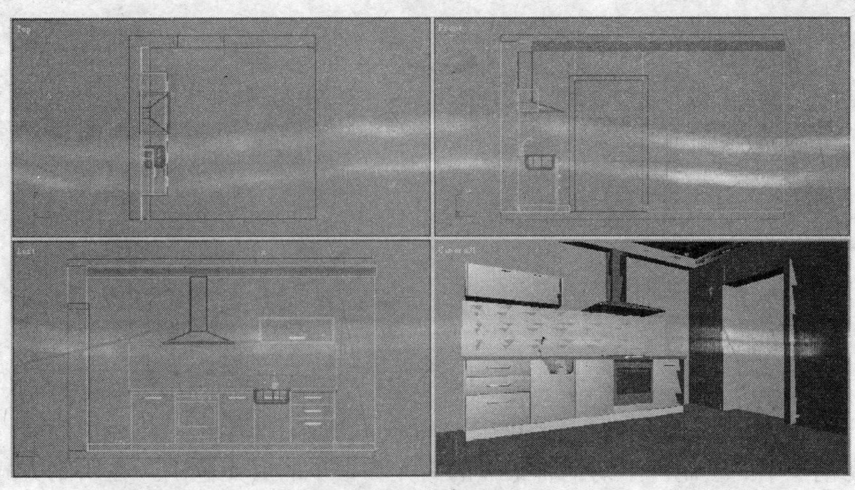

图 4—19　厨房的模型

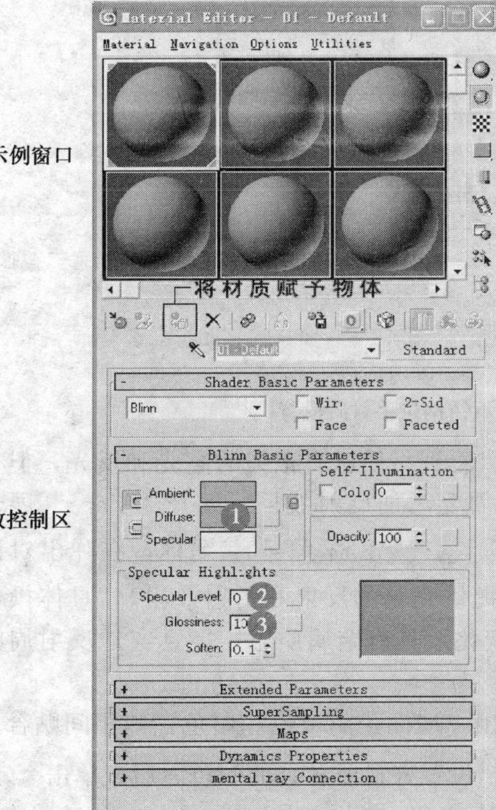

① 过渡色：控制材质表面过渡区的颜色

② 高光度：控制材质表面高光强度

③ 光泽度：控制材质表面高光范围，值越大高光范围越小

图 4—20　材质编辑面板

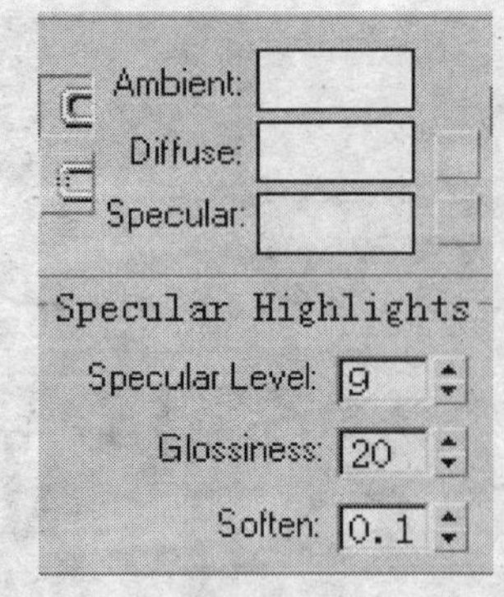

图 4—21　乳胶漆材质参数设置

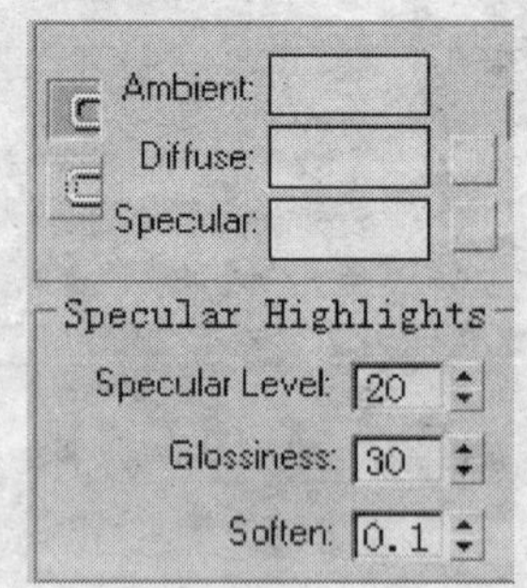

图 4—22　防火板材质参数设置

③不锈钢拉手的绘制。不锈钢有很强的高光和很小的反光范围，在明暗方式下拉列表之中可以选择 metal 方式。设置参数如图 4—23 所示。

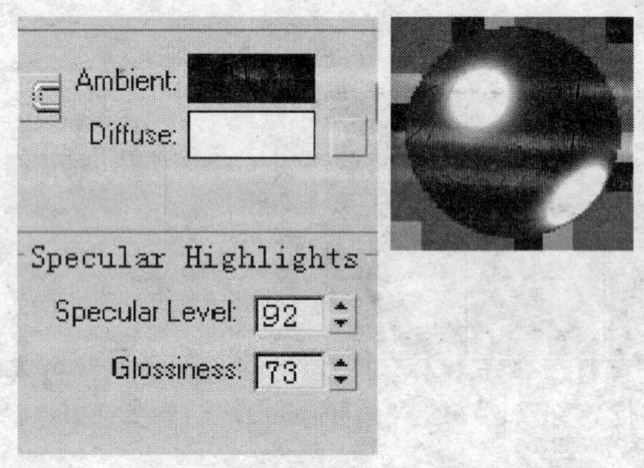

图 4—23　不锈钢拉手材质设置

观察如图 2—24 所示的样本球，可以看到材质已有很强的高光和反光，但是还没有金属特有的反射效果。那么，接下来就需要添加反射效果，展开“Maps”展卷栏，勾选 ☑ Reflection 反射通道，单击右侧的 None 图标，在弹出对话框中选择 Raytrace 光线跟踪贴图类型（它可以提供完全的反射和折射效果）。具体操作步骤参照图 4—24。此时样本球的材质将发生变化，具有金属质感，能真实地反射周围环境的色彩。

④墙面砖的绘制。从彩图 22 可以看出，墙面是由黄色和白色瓷砖相间贴合而成，绘制时可以用 checker（棋盘格）贴图类型。设置好材质各自的颜色之后，单击返回基本参数控制区，设置棋盘材质的基本参数，再按照上面介绍的设置不锈钢材质的方法添加反射效果。具体操作步骤如图 4—25 所示。

⑤地面地板的绘制。木材也是生活中接触较多的材料之一。木纹材质有很多表现形

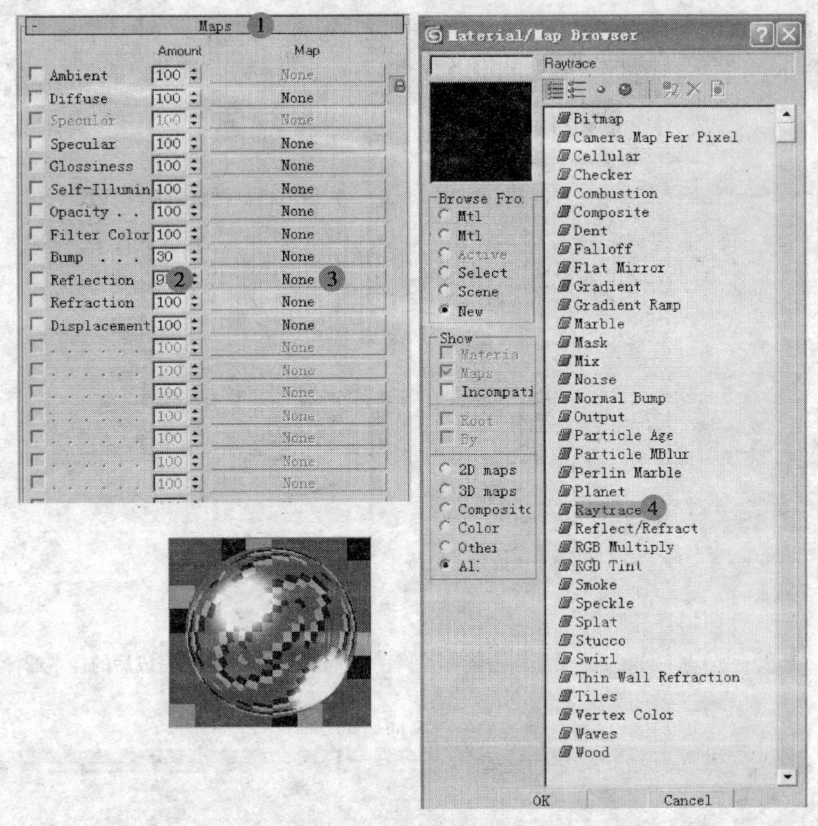

图 4—24　设置金属质感

式，如高光漆木材、亚光漆木材等。地板一般都采用高光漆木材。由于真实的油漆后的木材有反射衰减的现象，所以，绘图时需要控制反射范围，在反射贴图类型上单击 ap #270 (Raytrace)，打开“Attenuation”面板即可进行设置。具体参数设置情况如图 4—26 所示。

3）编辑厨柜灯光。基本材质都已经设置好，并按照实际情况一一赋给了相应模型。接下来，便是设置简单的室内灯光类型，为场景增添灯光效果。

①单击图标，打开灯光命令面板，在“Light Type”下拉菜单中选择 Omni（即泛光灯，它是一种向四周均匀照射的点光源，照射范围可任意调整，可设置阴影），重复操作一次，即在场景内加入 2 个主光源，照亮场景内的所有物体。其中一个设置阴影效果，具体的位置可参照图 4—27，两个泛光灯的参数可参考图 4—28。

②增加装饰层板下的线形灯光。单击图标，打开灯光面板，在下拉菜单中选择“Photometric”（光度学灯光），在视图中添加一个“Target Line”（目标线光源）。光源的位置和发光方向如图 4—29 所示。目标线光源的参数设置如图 4—30 所示。

③渲染 Camera（摄像机）视图，初步完成的效果图如彩图 23 所示。

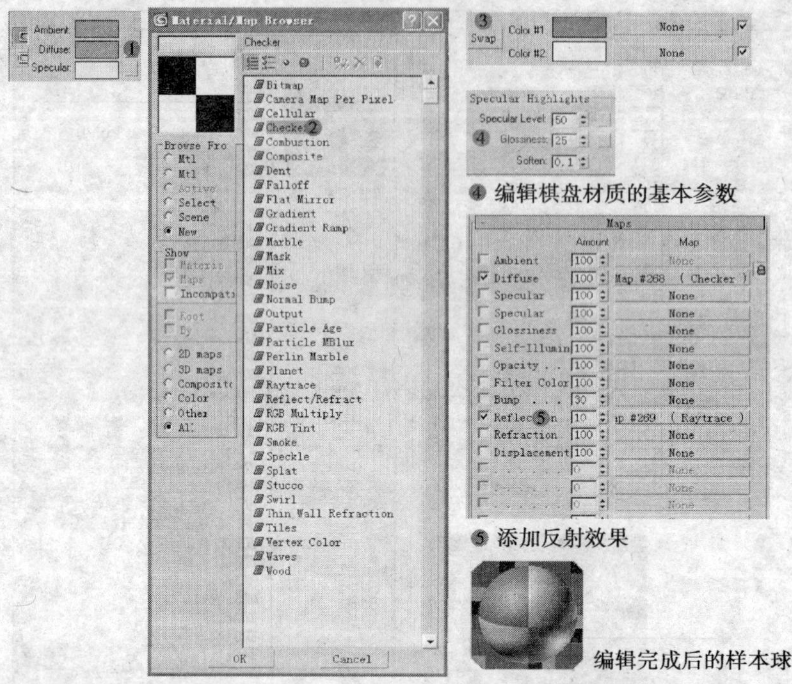

图 4—25　墙面砖的绘制

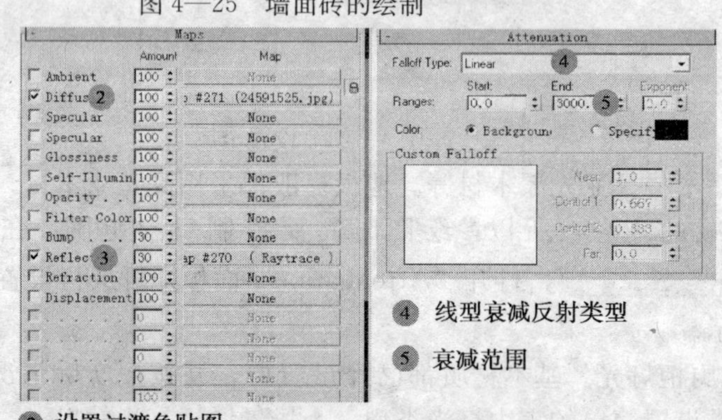

图 4—26　地面地板的绘制

图 4—27　加入主光源

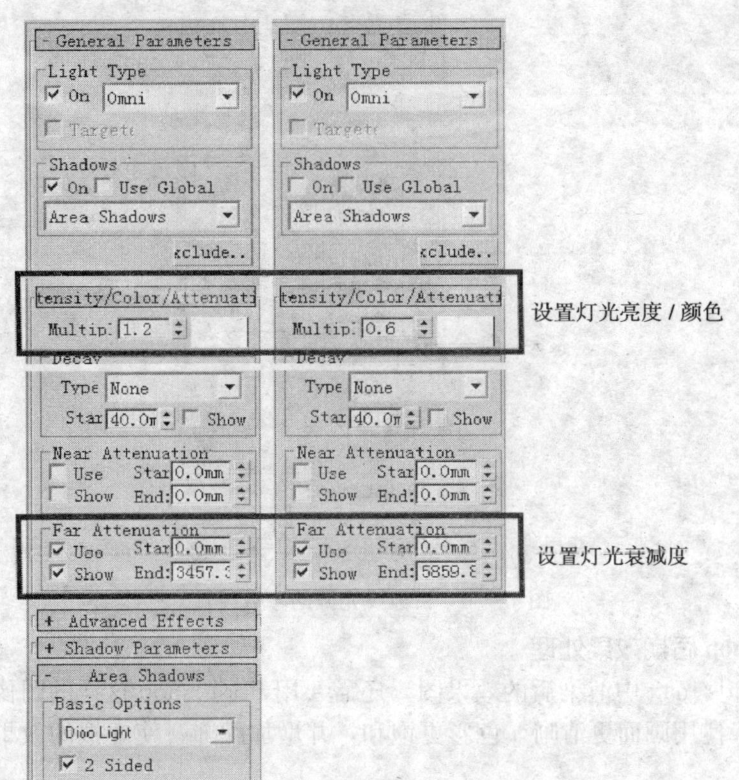

图 4—28　泛光灯参数设置

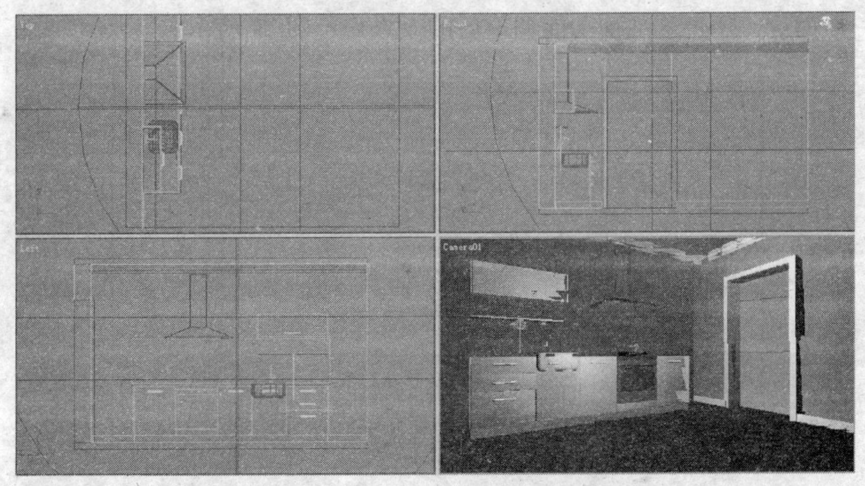

图 4—29　装饰层板下线形灯光的绘制

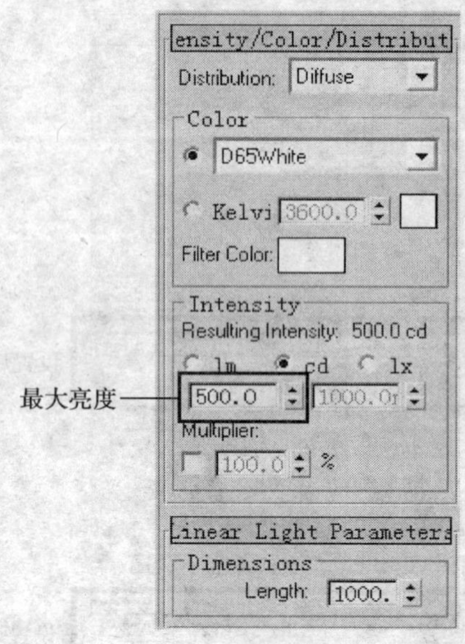

图 4—30　目标线光源的参数设置

4. 使用 Photoshop 后期效果处理

通常，在 3ds max 中渲染后的效果图，还需要用 Photoshop 这样的图像处理软件对效果图进行修饰，使用画面更清晰，色彩更饱和，并增加配饰，使虚拟的效果图更具生活气息。

3ds max 渲染出的效果图色调偏冷色，需要用 Photoshop 的色彩平衡功能调节，以去除青色和绿色（见图 4—31）。因为每个图面的色调都不同，在参数的调整上要视情况而定，不能一概而论。用色彩平衡功能调节后的效果如彩图 24 所示。

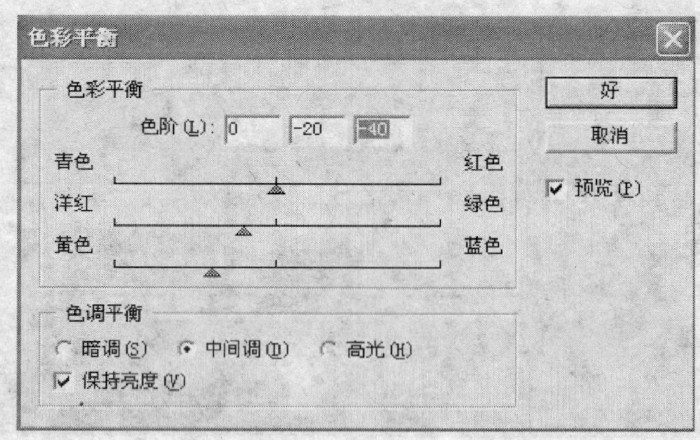

图 4—31　用色彩平衡功能调节色调

①通过复制“背景”图层新建一个图层，新图层默认名为“背景 副本”，在“背景

副本”图层上应用高斯模糊滤镜，模糊半径设置为 4 像素。接着应用扩散亮光滤镜对其进行处理，参数设置如图 4—32 所示。

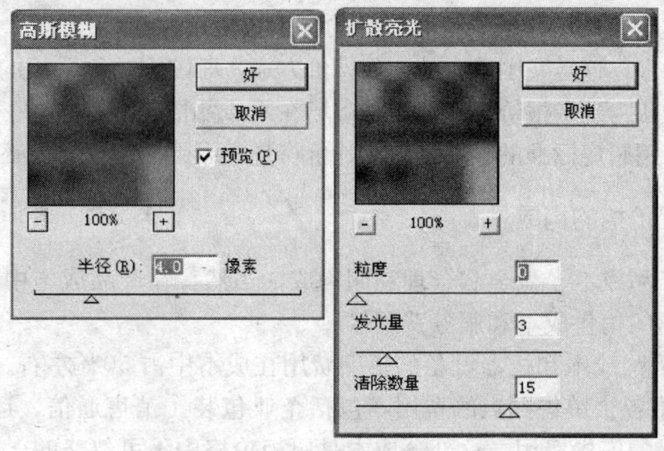

图 4—32 高斯模糊与扩散亮光设置

②将已模糊处理的图层进行 3 次锐化边缘操作，将“背景 副本”图层的不透明度设置为 30％，将图层模式改为“柔光”（见图 4—33），处理后的效果如彩图 25 所示。经过调整后的效果图不管是色彩还是图形轮廓，都改观了许多。

③接下来合并“背景”和“背景 副本”两个图层，复制合并后的图层生成一个新图层，取名为“背景 副本 2”，在“背景 副本 2”图层中应用高斯模糊滤镜，模糊半径为 4 像素，之后调整它的对比度（见图 4—34），将不透明度设置为 20％。将所有图层合并后，最后完成的效果图如彩图 26 所示。相对彩图 24，其明暗对比更丰富，层次更细腻。为了整体效果更美观，还可以在图面上添加厨房内的装饰品，如酒瓶、茶杯等。

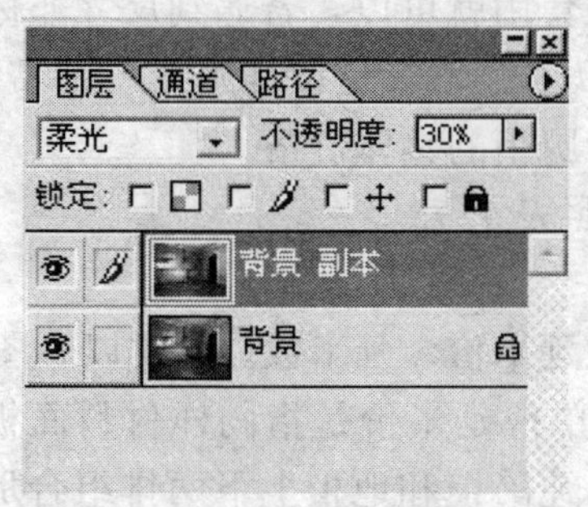

图 4—33 柔光设置

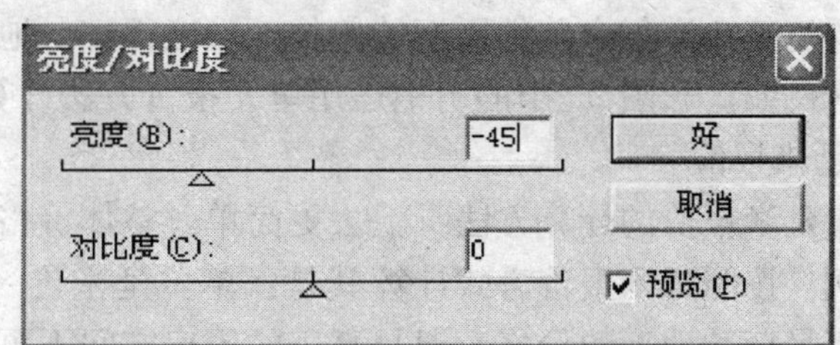

图 4—34 对比度调整

经过本单元的学习，读者对厨柜设计制图的方法有了一定的体会和掌握。但制图是个严谨的工作，设计人员需要在长期的工作中反复练习和认真思考，才能制作出更精确的施工图，更完美的效果图。

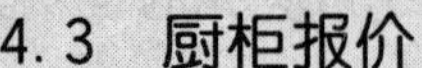

4.3 厨柜报价

在国内的整体厨柜市场，为消费者熟悉的厨柜报价单位是“延米”。所谓“延米”是包括地柜和吊柜的一米，这是我国特有的一种计价方式。而国际惯例采用的是“单元”计价的形式。有很多专家认为延米报价是我国厨柜市场在不成熟情况下形成的一种报价方式，只是一个过渡，随着家用厨房标准的实施，单元计价将是我国厨柜行业势在必行的趋势。

4.3.1 厨柜产品价格的构成

厨柜价格由产品成本、税金和合理利润构成，当然，在产品成本中除了原材料生产成本外，还包括企业的销售成本和服务费用等。

1. 原材料的采购成本和机器设备的折旧费用在成本中占50%左右。

2. 销售成本指各个销售网点的费用，包括企业包装、销售通信、运输费用等，当然，也应包括企业实际的广告费用，这部分成本是厨柜价格中不可忽略的。

3. 服务费用在各个生产厨柜的企业中所占比重各不相同，但往往是厨柜价格的一个重要部分。它包括前期测量设计、现场的配合放模、运输安装、售后对用户回访、调试维修等。厨柜企业的利润也主要由这部分费用中体现。

4.3.2 厨柜报价方式

1. 单元报价

单元报价，顾名思义就是把厨柜分割成一个个的单元，然后由各个单元的价格组合而成厨柜报价。以彩图 22 为例，用户要求做 2.8 m 长的厨柜。按单元计价方式为：抽屉柜价格＋水池柜价格＋地柜价格＋灶柜价格＋拉篮柜价格＋吊柜价格＋装饰板价格。

单元报价非常简单，只要根据厂商提供的规格和价格套用就可以，若遇到尺寸非标准的厨柜，按照每个厂家的不同要求增加非标准系数就可以了。不管是设计师或者消费者，只要清楚知道每个单件厨柜的单价，就能很容易地计算出厨柜的整体价格。

例如，彩图 22 中的厨柜运用单元报价方法计算可参照表 4—3。

2. 延米报价

延米报价的计算方法听上去更简单，整体价格＝单位延米价×延米数。同样以彩图 22 为例，按照延米报价方式计算就是：单位延米价×2.8。单位延米价是指同样材料面板的厨柜吊柜和地柜的价格。但是真正的厨房空间不可能是单纯吊柜和地柜上下两排组合那么简单。例如，彩图 22 中的厨柜就不能套用“单位延米价×2.8”这个公式，它的吊柜和地柜的长度不同，必须分开来计算。一般来说，采用延米报价方式的厂家将吊柜的价格定位为整体单位延米价的 35%，地柜的价格就是 65%，按照这个价格取费进行计算，然后，还将根据实际情况增加一系列的费用，如抽屉单加、拉篮单加、玻璃门单加，改造单加、选择不同款拉手单加、地柜或者吊柜尺寸非标准单加、面板更换材单加等。

表 4—3 单元报价参考报价单

序号	名称	规格			数量	单位	单价（元）	小计（元）	备注
		长（mm）	宽（mm）	高（mm）					
1	抽屉柜	600	580	720	1	个	1 320	1 320	防火板门板，2 mm 同色 PVC 封边，全拉回弹抽屉
2	水池柜	500	580	720	1	个	510	510	防火板门板，2 mm 同色 PVC 封边
3	地柜	500	580	720	1	个	510	510	防火板门板，2 mm 同色 PVC 封边
4	灶柜	600	580	720	1	个	570	570	防火板门板，2 mm 同色 PVC 封边
5	拉篮柜	600	580	720	1	个	1 750	1 750	防火板门板，2 mm 同色 PVC 封边，德式三边拉篮
6	吊柜	1 000	340	360	1	个	720	720	防火板门板，2 mm 同色 PVC 封边
7	装饰板	600	720		2	块	230	460	防火板门板，2 mm 同色 PVC 封边
8	装饰板	360	360		2	块	115	230	防火板门板，2 mm 同色 PVC 封边
合计									6 070.00 元

注：表内单价仅作示范，不代表实际市场价格。

例如，彩图 22 中的厨柜运用延米报价方法计算可参照表 4—4。

表 4—4 延米报价参考报价单

序号	名称	规格		数量	单位	单价（元）	小计（元）	备注
		宽（mm）	高（mm）					
1	地柜	580	720	2.8	m	830	2 324	防火板门板，2 mm 同色 PVC 封边
2	吊柜	340	360	1	m	450	450	防火板门板，2 mm 同色 PVC 封边
3	装饰板	600	720	2	块	230	460	防火板门板，2 mm 同色 PVC 封边
4	装饰板	360	360	2	块	115	230	防火板门板，2 mm 同色 PVC 封边
5	抽屉轨道	600		4	个	320	1 280	全拉回弹抽屉另加
6	拉篮	600		2	个	480	960	另加
7	吊柜气压支撑			2	个	125	500	另加
合计								6 204.00 元

注：表内单价仅作示范，不代表实际市场价格。

职业技能鉴定要点

行为领域	鉴定范围	鉴定点	重要程度
理论准备	现场测量与设计	现场测量步骤和方法	★★★
		测绘图的绘制技法	★★★
		方案设计原理	★★
	厨柜制图	制图原理和方法	★★
		制图软件操作技法	★★★
	厨柜报价	厨柜产品价格的构成	★
		厨柜报价方式	★★
技能训练	现场测量与设计	与用户的交流	★★
		现场测量和记录数据	★★★
		厨柜方案的设计	★★★
	厨柜制图	手工制图	★
		使用 CAD 软件绘制厨柜平面图	★★★
		使用 CAD 软件绘制厨柜立面图	★★★
		使用 CAD 软件绘制厨柜台面图	★★★
		使用三维软件绘制厨柜设计效果图	★★★
	厨柜报价	厨柜的报价	★★

单元测试题

一、填空题（请将正确的答案填在横线空白处）

1. 厨柜是一个非标准产品，它在尺寸上的允许误差一般在________ mm 以内。
2. 完整的厨柜施工图包括：平面图、________和________。
3. 在不影响上下对正效果的情况下，地柜调节板尽量放在转角处，目的是________。
4. 在台面及标准柜深度的标准化原则中，台面深 400 mm 时，地柜深可为________ mm。

二、判断题（下列判断正确的打“√”，错误的打“×”）

1. 初测是通过对装修房的精确测量为最后的定量设计做准备。 （ ）
2. 厨房测量过程中墙面有外凸情况时，应测量直线距离，卷尺不能随墙面弯曲。 （ ）
3. 厨房测量中，标注物体尺寸时统一按“宽×深×高”的顺序表示。 （ ）
4. 煤气表应尽量安排在吊柜或底柜内，位置应便于安装柜体。 （ ）

三、单项选择题（下列每题的选项中，只有1个是正确的，请将其代号填在横线空白处）

1. 厨房室内大的净空尺寸的测量，测量位置为地面和________ mm高度处。
   A. 550　　B. 650　　C. 750　　D. 850
2. 供油烟机使用的插座距地面高度应为________ mm。
   A. 1 500　　B. 2 000　　C. 2 500　　D. 3 000
3. 在AutoCAD中，交叉窗口选择方式的操作方法为________选择。
   A. 自上而下　　B. 自右而左
   C. 自左向右　　D. 自下而上
4. 在AutoCAD实体属性中，通用属性主要有________、颜色、线型和线宽。
   A. 坐标　　B. 图层
   C. 打印样式　　D. 线型比例

四、多项选择题（下列每题的选项，至少有2个是正确的，请将其代号填在横线空白处）

1. 厨柜设计现场测量的原则是________。
   A. 工具齐备　　B. 合理报价　　C. 尺寸为大
   D. 细节为王　　E. 正确引导、满足需求
2. 厨柜设计现场初测的内容包括________。
   A. 了解厨房的房型和相邻居室装饰格调
   B. 了解房主的要求和向房主提出要求
   C. 绘制厨房平面草图和相关立面图
   D. 记录测量数据并向房主确认
   E. 与房主交流初步的设计构思、厨房管道走向及处理方法
3. 在AutoCAD中，可以通过________方法激活一个命令。
   A. 在命令行输入命令名　　B. 单击命令对应的工具栏图标
   C. 从下拉菜单中选择命令　　D. 单击鼠标右键，从快捷菜单中选择命令
   E. 双击鼠标左键，即可跳出

五、操作题

如图4—35所示是一个独立式厨房，使用者为一对中年夫妇。居室无明显风格特色。请根据提供的建筑平面图，设计符合人体工程学，储藏功能丰富，能实现现代家庭烹调功能的厨柜。

要求：运用线描法手绘表现设计意图及方案，并从材料选择、风格、色彩系列等方面用文字说明；运用AutoCAD绘制平面图；运用AutoCAD绘制立面图；运用AutoCAD绘制台面图；运用AutoCAD绘制三维轴测图图；运用三维软件绘制整体设计效果图。

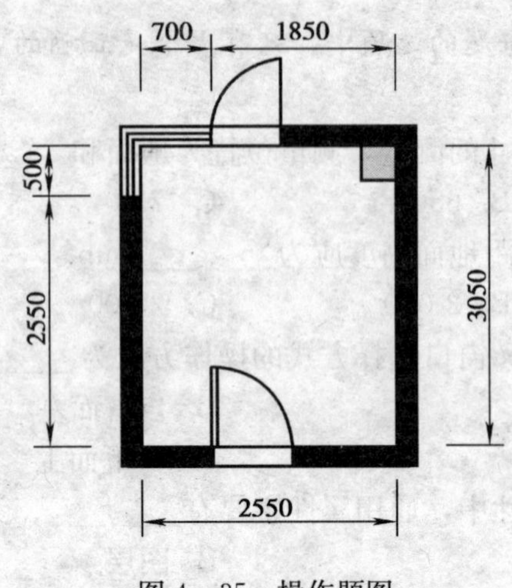

图 4—35　操作题图

单元测试题答案

一、填空题

1. 5　2. 立面图　台面图　3. 便于安装　4. 320

二、判断题

1. ×　2. √　3. √　4. √

三、单项选择题

1. D　2. C　3. B　4. B

四、多项选择题

1. CDE　2. ABCDE　3. ABCD

五、操作题

略

第 5 单元

厨柜制作与安装基础

引 导 语

根据厨柜设计和制作工艺技术要求，将各种材料通过手工或机械加工手段制作、组合成产品，这个过程称为厨柜制作的工艺过程。

在安装厨柜前需要进行厨房环境验收，在用户确认并且没有任何隐患的前提下方可分别对柜体、台面、门板、灶具、消毒柜等进行安装。安装过程中要符合安装质量标准、尺寸公差、牢固度及其他各项安全指标。

本单元介绍了常用的厨柜制作设备、厨柜制作工艺及厨柜维护保养知识，重点分析厨柜安装流程和具体要求。

5.1 厨柜制作工艺

5.1.1 厨柜制作常用设备

1. 裁板机（电子开料锯）

用于板材定宽加工（见图 5—1）。裁截板材的精确度是厨柜制作的第一道工序要求，专业的厨柜公司均采用电子裁板机和垂直数控裁板机，以确保板材精度，误差仅为0.2～0.4 mm。

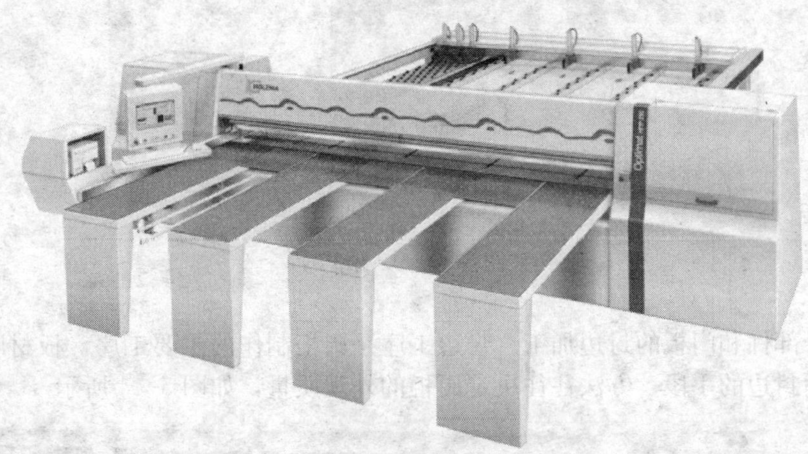

图 5—1　裁板机（电子开料锯）

2. 推台锯

用于板材定宽加工和任意角度切割，适用于切削实木、粗底板、复合板和薄木或塑料板，如图 5—2 所示。

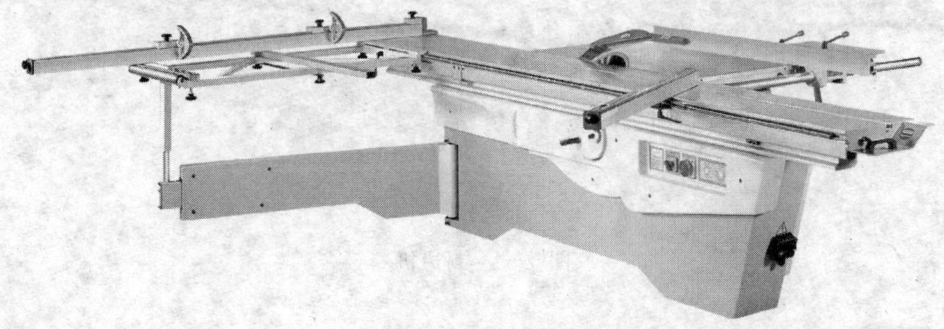

图 5—2　推台锯

3. 双端铣

用于厨柜部件和门板的定宽和铣边加工。铣边的目的是杜绝板材边沿有缺口。板材表面贴有三聚氰胺浸渍纸、防火板，裁板时容易造成缺口的现象，采用电子开料锯、自动双端铣来铣边，能有效保障板材平整光洁，为下道工序打下良好基础，如图 5—3 所示。

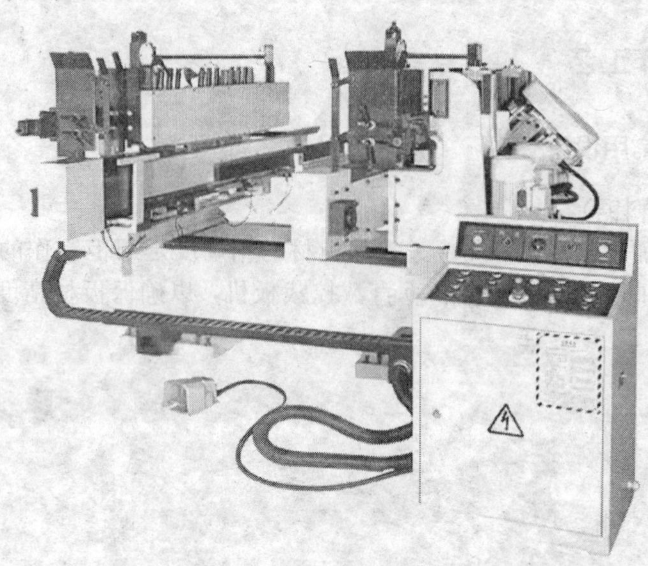

图 5—3　双端铣

4. 封边机

用于柜身部件和门板的封边加工。封边工序是厨柜制作的主要工序，板材断面均需做封边处理，而封边的手段、方法往往决定厨柜的外观质量，如图 5—4 所示。

图 5—4　封边机

5. 排钻

用于厨柜各部位连接孔的加工。排钻能一次成型各安装、对接、定位孔，而且各孔位置准确，使得各柜板拼装时精度高，错位少，连接处平整光滑，如图 5—5 所示。

6. CNC 加工中心

计算机程控多功能加工设备，可承担铣、钻、雕刻等多种加工。需造型的烤漆门、吸塑门、实木门、罗马柱等均可由其加工，基材一般采用中密度板或实木，如图 5—6 所示。

图 5—5　排钻

图 5—6　CNC 加工中心

7. 模压机

用于吸塑门板或实木贴面的加工。模压机能使 PVC 膜在高温高压情况下顺利包覆在板材上，从而有力地保障了在 PVC 模压过程中贴膜到位，使产品质量稳定可靠，经久耐用，如图 5—7 所示。

8. 喷漆房

用于烤漆门板的加工。目前，喷漆房的漆雾处理系统有干式和湿式两种，其中，湿式又分为水帘式、水洗式、水旋式等，水旋式喷漆室的处理效率最高。采用喷漆房喷漆，能使操作者在满足卫生条件和安全规范的环境下工作，并为门板喷漆作业，提供经过除尘的、保持一定温度和湿度的施工环境，如图 5—8 所示。

图 5—7　模压机

图 5—8　喷漆房

9. 组柜机

用于厨柜的组装，如图 5—9 所示。

5.1.2　柜体制作工艺

厨柜柜体由地柜、吊柜、高柜、中柜、调料柜、开架柜等组成。地柜安装抽屉后就成为抽屉柜，地柜、高柜、吊柜中安装了嵌入式电器或拉篮等功能件后就成为各种方便实用的功能柜，但其基本单元还是柜体。厨柜企业的生产能力主要是指柜体的生产能力，因为门板和台面将逐步由各专业厂家来完成。

图 5—9　组柜机

柜体材料基材一般是刨花板和中密度板，其厚度为 16～18 mm，柜体后背板常采用 3 mm或 5 mm 双饰面中密度板。柜体的加工制作流程是：

1. 裁板

裁板采用各类全自动、半自动电子裁板机、推台锯来完成。首先是用裁板机来定宽加工，然后用推台锯进行定长加工。加工好的板块边长和对角的偏差值应控制在±0.5 mm，板边应无暴口、毛边，板面应无划伤、污迹和碰伤等缺陷。

2. 铣边

采用双端铣（或重型双端封边机）对裁切好的板块进行定宽和铣边加工。这样，不仅提高了尺寸精度，也保证了封边前板边的平整度和对边的平行度，为获得高质量的封边效果提供了可靠保证。

3. 封边

采用各类手动、直线、曲线、异型封边机封边条，对加工好的板块进行封边加工。封边应采用质量合格的封边条和封边胶，以确保最终封边质量。

4. 打孔

排钻分为单排钻、三排钻、六排钻、九排钻等。采用排钻加工连接孔应根据不同部件的板块选准基准面，确定正确高效的加工工艺，确保加工精度。孔位精度应控制在±0.5 mm，所有孔边应无缺口、暴口。

5. 组装

基础柜体采用组柜机组装，配件按其不同的要求参照相关技术工艺要求和标准装配。装配前，所有板块、部件、配件必须整理干净，经质量检验合格。装配后柜体宽度方向应为负公差－1 mm，对角偏差应小于 1 mm。

5.1.3 门板制作工艺

厨柜门板从材质上分类，有 PVC 吸塑模压门板、油漆门板、防火板门板、三聚氰胺门板等，每种门板都有各自的制作工艺，这里将分别作简单的介绍。

1. PVC 吸塑模压门板制作工艺

在中密度基板上采用镂铣的方式形成图案，再用吸塑的方法在门板上覆以 PVC，就形成 PVC 吸塑模压门板。吸塑加工制作工艺流程是：裁板──→打孔──→铣型──→打磨──→喷胶──→覆膜（PVC）──→修边。

（1）裁板。根据门板尺寸裁板，裁板后的长与高尺寸均要减去两层 PVC 的厚度（约 0.5 mm）。

（2）打孔。打铰链孔要做吸塑垫架，打铰链孔时特别要注意左右方向。

（3）铣型。根据门型规格进行镂铣，在镂铣前必须正确地选择刀具，由于刀具的转速达到 20 000 r/min，所以，镂铣前必须将刀具牢牢固定，不能有丝毫松动。门板的铣型必须做到横平竖直，转弯处圆弧连接要自然且深浅一致。

（4）打磨。门板打磨是很重要的一道工序，其效果直接影响门板的外观质量。打磨时先用粗砂将机加工留下的痕迹磨掉，然后用细砂精磨，保证门板无划痕平整光滑，特别在转角过渡处必须自然圆滑。精砂磨好后还要检查板面有无气孔凹痕，如有，可使用 502 胶水填充烘干，砂磨达到完全平整。

（5）喷胶。用胶量必须适中且喷涂均匀，喷胶用的压缩空气必须经过油水分离装置过滤，保证喷胶的质量。

（6）覆膜（PVC）。门板在放入吸塑机前，必须严格检查喷胶面有无细微的硬胶粒。当薄膜覆盖在门板上时，吸塑工作台四周必须压紧，防止漏气，再将吸塑工作台推进真空室加温、抽真空。在操作时必须严格控制真空室的工作温度和真空压力泵的压力。

2. 油漆门板制作工艺

在门板的表面用特殊的油漆喷涂，再经过一定时间的高温烘烤而成的门板就是油漆门板，油漆门板中最典型的是烤漆门板。油漆门板的基材选用中密度板和刨花板。喷漆加工制作工艺流程是：裁板──→打孔──→铣型──→打磨──→用“底得宝”封闭──→上底漆──→门表面喷漆──→水磨──→抛光。

（1）上底漆。一般两次，每次上好后必须用砂纸打磨。特别是第二次底漆上好以后，一定要用木工细砂纸精砂，保证门板无划痕、无凹痕、表面光滑平整。

（2）门表面喷漆。喷漆前务必吹净表面的灰尘，喷漆房内绝不允许有漂浮的灰尘，一般采用水帘除尘。

（3）烘烤。喷漆结束后门板进入烘房，门板一般喷漆两遍，喷头遍漆烘烤后再进行第二次喷漆烘烤。烘烤温度一般控制在 60～80℃，每次时间在 8 h 左右。

3. 防火板门板制作工艺

防火板门板是将防火板粘贴在中密度板的平面上，用 PVC 封边条（或铝合金封边条）

粘贴在门板的四周而成型的门板。一般来说，如果门板高度在 800 mm 以上时，都会有不同程度的弯曲变形，所以，在设计时一定要控制好门板的长与宽的比例和高度。防火板门板加工制作工艺流程是：裁板──→（素刨花板）贴面──→封边──→打孔。

（1）贴面。贴面的工序包括板基材的表面处理、贴面材料的裁切、上胶、冷压和贴面修边。基材的表面处理要求主要是表面平整光滑；贴面材料必须无划痕、开裂等问题，同时在用美工刀裁切过程中要注意给出合适的余量；上胶时注意不能在涂胶表面留有残余物，以防止黏合表面的不平整；冷压的目的是保证黏接的平整度和提高黏接的强度，冷压的压力一般在 0.5～0.6 MPa，时间在 8～12 h（根据季节的变化而定）；修边要做到无爆口、划伤。

（2）封边。封边是将上过胶的封边条与门板断面紧密黏合的过程。封边能使门板完整、美观，更重要的是能保持密封，防止水或蒸汽的侵入，所以封边的质量将决定门板是变形还是不变形。同时，封边还可以防止胶中游离甲醛的释放。

封边条常用材质是 PVC 塑料成品带材，一般厚 2 mm，宽 20～22 mm。如果门板封边材料采用铝合金材质，那么，门的四边一定要根据铝合金封边条的结构尺寸来开槽。转角采用 45°切角拼装，槽内放胶，铝合金封边条放入槽内后用橡胶锤轻轻地敲紧即可。

封边过程中对胶的温度、涂胶量、压紧力、封边条切断最佳距离等条件要求很高，所以，使用封边机进行加工封边，可以节约材料提高效率，保证质量。目前，市场上封边机有全自动和半自动两种，如用全自动封边机来加工，能使上胶、封边、修边连续进行，但设备的价格比较昂贵。一般生产规模的企业常选用半自动的封边机，如图 5—4 所示是全自动封边机。

4. 三聚氰胺门板制作工艺

三聚氰胺门板在表面色彩、防火、防水等方面均不亚于其他材料，且一般不会变形，价格比较便宜，适合各种档次的厨柜。三聚氰胺饰面板可加工成亚光、高光、布纹、皮纹等二十多种表面。三聚氰胺门板加工制作工艺流程是：裁板──→封边──→打孔。

5. 实木门板制作工艺

实木门板在高档厨柜上应用广泛，但较易发生开裂和变形等质量问题。实木门板的加工制作工艺流程是：选料──→干燥──→排料──→裁切──→铣型──→拼装──→油漆──→包装。

6. 水晶板门板制作工艺

水晶板门板是在 2～3 mm 厚的水晶板（有机玻璃板）背部喷珠光油漆，将其粘贴在 16 mm 厚的中密度板上，封边、修边后再抛光而成型的门板。因有机玻璃缺乏强度，所以水晶门板不耐磨、不耐高温，也不具备一般的冲压抗击能力，不太适合在厨房内使用。

7. 竹门板制作工艺

竹门板是一种新型环保门板。竹门板的普及有利于速生材的利用，利国利民，但目前尚未得到全面推广应用。竹门板可以制作出与实木门板一样的各种造型和表面油漆处理效果，经过正确的防腐处理可以使其获得长期使用的品质。竹门板的加工制作工艺流程是：选料⟶干燥⟶拼板⟶防腐处理⟶排料⟶裁切⟶铣型⟶拼装⟶油漆⟶包装。

8. 镶框门制作工艺

镶框门在各种厨柜中广泛使用。其基本材料有铝框、不锈钢框、包覆式吸塑框等，镶玻璃、木板、各种花色板等。镶框门的切割和拼接形式、拼接质量是确保最终品质的关键。镶框门的加工制作工艺流程是：选料⟶排料⟶裁切⟶拼装⟶包装。

5.1.4 台面制作工艺

目前，市场上的厨柜台面主要有防火板台面、天然大理石台面、不锈钢台面、人造大理石台面等。因为人造大理石台面具有天然大理石的硬度和质感，同时加工后可以做到无接缝，所以市场上人造大理石受到普遍的欢迎。这里简单介绍人造大理石的制作工艺。

1. 压克力型人造石板和树脂型人造石板

压克力型人造石板是选用甲基丙烯酸甲酯为主要原料，经封闭式固化聚合成型的，具有良好的弯曲性能，是名副其实的绿色环保材料，常用于中高档厨柜中。树脂型人造石板是选用不饱和树脂为主要原料，经浇注、开放式固化加温后聚合成型的，该台面材料价格较低，所以树脂型人造石板得到了最广泛的应用。这两种人造石台面有共同的加工制作工艺流程：下料⟶前后挡水成型⟶粗（干）磨⟶细（水）磨⟶抛光。

(1) 前后挡水成型。根据厨房台面功能的设计要求，台面前后要有挡水，防止水的外溢，从装饰的效果来看，台面前沿要有下挂的设计，图 5—10 是最普通的人造大理石台面横向剖面示意图，从图中可看到台面的后挡水和前挂的情况。

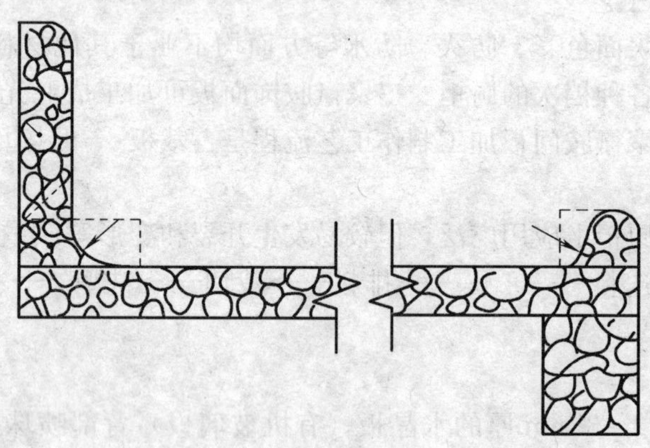

图 5—10　人造大理石台面横向剖面示意图

一般后挡水设计高度为 50 mm，前挡水高度为 10 mm，下挂高度为 30～36 mm（包括台面的厚度），宽度在 30～36 mm 之间，具体造型可根据厂家的样本选样。

(2) 打磨和抛光。打磨和抛光是人造大理石台面加工的最后一道工序，直接显示产品的形象。打磨又分干磨和水磨两道工序。抛光是为了使台面得到平如镜面的效果。

2. 结晶石台面

结晶石台面是以中密度板、细木工板、刨花板为基材，表面涂上一层厚度约 1～2 mm 的树脂和纤维（俗称玻璃钢材料）。先将胶衣喷涂在简单的模具上，然后将基材板压上脱模即可，最表层的胶衣（俗称压克力）约 1 mm 厚。表面的喷涂层掺入各式颜料，可形成各种颜色变化。结晶石可加工性类同于防火板，同样存在转角拼接、断面处理的缺陷。就制作台面的加工工艺及原材料本身而言，虽然结晶石成本低，但因其表面易与基材的收缩率不一致等原因造成质量不稳定，目前已较少采用。

5.2 厨柜安装

5.2.1 安装工具的选择使用

厨柜安装最主要的工具有尺、钻、锯、开孔器、水准仪等（见图 5—11），选择使用时一定不能选用劣质工具，否则不仅影响安装质量，也极不安全，同时由于劣质工具使用寿命短，实际上花费更多。

5.2.2 安装前厨房环境验收

厨房环境验收是安装前必须做的重要步骤，验收的总体要求是：厨房环境的最终工况布置应与事先确定的设计方案和双方商定的合同规定相一致，没有影响厨柜安装的变更；水、电、气工况布置经实测合格并便于厨柜安装后的维修；无环保和其他安全隐患。

1. 施工质量与尺寸精度

（1）厨房土建装修后的环境要求：墙面平、直，角度为 90°±1°；墙面及地面装修材料应符合国家环保和安全规范要求。

（2）厨房土建装修抹灰后或贴瓷砖后，厨房内相对墙面的净空尺寸符合建筑模数，并与设计净空尺寸的施工误差为正公差且≤50 mm。

（3）安装厨柜的墙面应贴满瓷砖，厨柜背后铺瓷砖主要是从以下 5 个方面考虑：

1）从防水方面考虑。所有的防水层都必须与地墙连接，这样的防水才能算是真正的防水。同时，瓷砖是防水层最好的保护物，没有瓷砖层保护，防水层会很快老化而失去防水效力。

2）从美观方面考虑。由于瓷砖的规格不同，所以厨柜地柜台面不一定与瓷砖的接缝吻合。例如，很多厨房的瓷砖铺设到了接近地柜的位置都不与台面相平，如果做了柜体才处理，势必要切砖，影响美观。

3）从防潮方面考虑。特别是在南方，由于比较潮湿，厨柜背面容易发霉，而厨房用水的地方更为厉害。柜体后面有瓷砖会减弱潮气对柜体的直接侵害，减少柜背发霉的机会。

4）从受力方面考虑。柜体背后贴瓷砖，有利于瓷砖的整体保护，即使大力在台面上

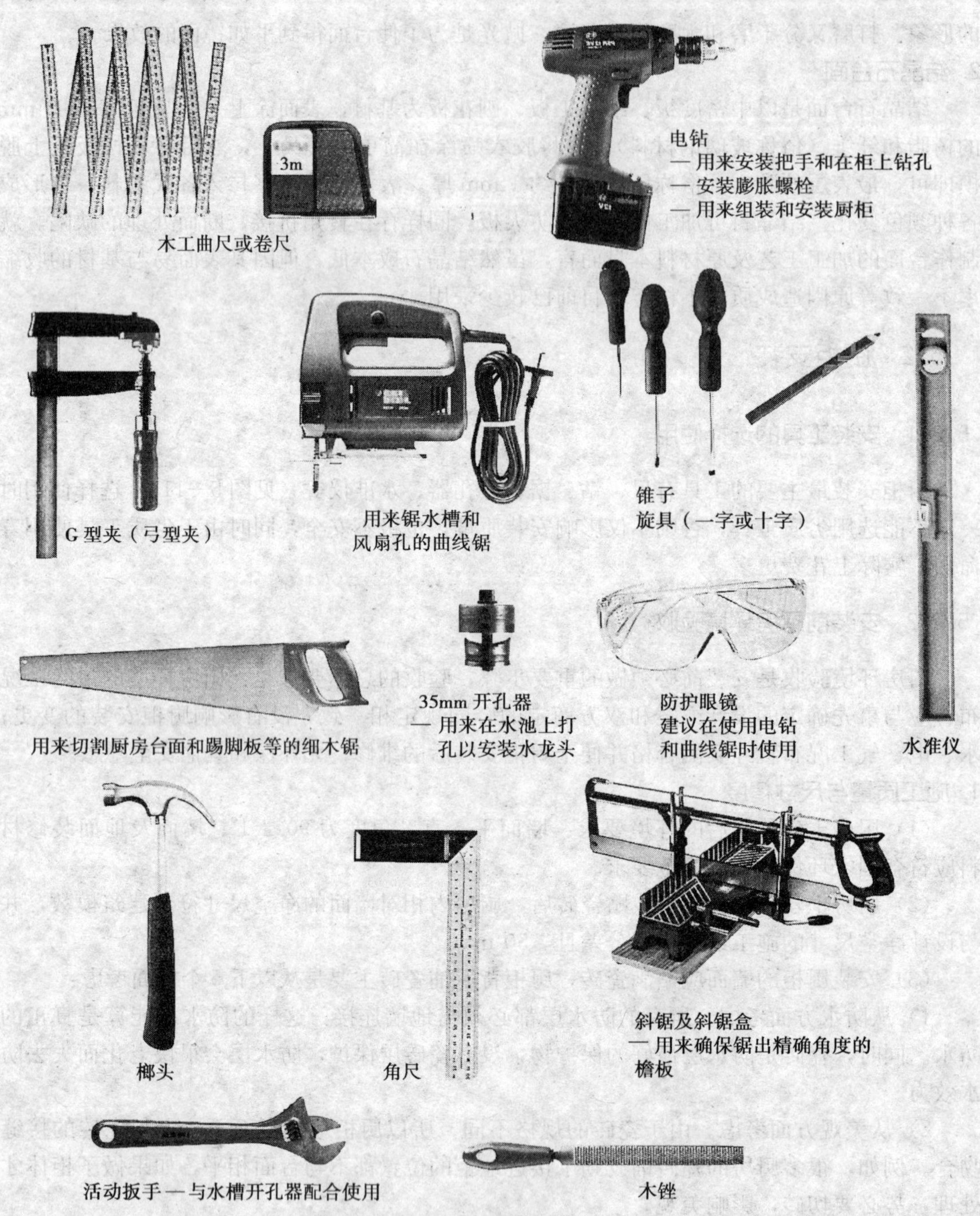

图 5—11　厨柜安装工具

面剁动，也不会直接振动瓷砖。如果在瓷砖架构在厨柜台面上，必然会受力振动，使瓷砖破裂或脱落。

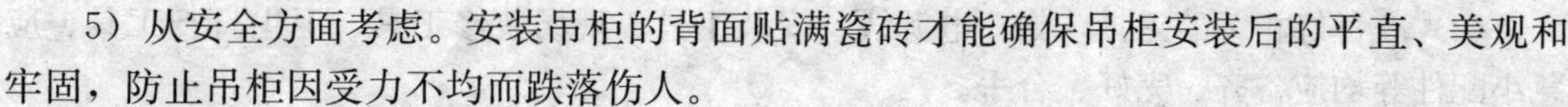

5）从安全方面考虑。安装吊柜的背面贴满瓷砖才能确保吊柜安装后的平直、美观和牢固，防止吊柜因受力不均而跌落伤人。

2. 管道布置

（1）厨房宜采用三表出户。需在厨房内布置时，各种管道（如给水、排水、热水、燃气等）应集中布置，协调统一设计，采用能够满足检修和安装要求的合理遮蔽措施，不得暗设。厨房内管道及接口安装，定位尺寸误差应为±2.5 mm。

（2）管道布置图中，冷、热水管与洗涤池龙头接口及阀门的安装高度为500 mm，以便于洗涤池龙头软管连接。分户洗涤池给水管接口处应设有阀门，以便调整水压和方便维修。排水横管距地≤100 mm。管道区内排水立管应设置检查口，检查口距地尺寸为1 000 mm，并应高于该层洗涤器具上边缘150 mm，检查口朝外；北方地区，设在管道区内的给水立管均应做防结露保温，保温层厚度及材料按相关规范确定。

（3）洗涤池排水管按下列原则布置

1）洗涤池必须配置过滤和水封装置。

2）洗涤池与排水立管相连时优先采用硬管连接，并按规范保证坡度，当受到条件限制时，可采用波纹软管。

3. 燃气环境

燃气表具按户计量，安装方式优先采用高锁表及明装，如将表布置在厨柜内，需经当地燃气管理部门同意，并配设相应的安全措施。

4. 采暖环境

采暖方式可采用集中热源或户式热源的散热器采暖系统。

5. 电气环境

（1）厨房内开关、插座均应选用安全型，电源回路应设漏电保护装置。厨房内配备的电器较多时，应设置专用厨房供电线路，导线采用铜导线（带PE线），应接地线，截面应满足厨房配套电器总容量的安全使用要求。

（2）电气线路布置图中，地柜嵌入电器使用的插座距地面高度尺寸为300 mm，台面使用的电器插座距地面高度为1 300 mm，与吊柜配合电器的插座距地面高度为2 000 mm，供油烟机使用的插座距地面高度为2 500 mm。

6. 热水器环境

应采取严格的安全措施，安装燃气热水器时，应在外墙预留进、排气孔，预留孔的大小应符合相关产品技术要求。

5.2.3 现场组装

1. 安装前准备

（1）了解用户信息，如：安装地址、送货方式、安装时间、用户的喜好与特殊要求等。

（2）准备好相关的工具，如：电源线、安装工具、现场装修工具、卫生打扫工具、应急小配件等均应备齐、完好、合手。

（3）仪表准备，穿好工作服。

（4）认真研读设计图样、柜体表和相应的技术说明。

（5）对设计方案中不懂的部分或明显不便于安装的部分，及时与设计师沟通。

（6）做好满足设计要求所需的安装准备工作，如对用户自备、需现场安装的设备和部件心中有底，对创新结构的连接方式和美化措施有充分的把握，现场管线、插座的避让应有相应的技术保障和材料保证。

2. 安装总体要求

（1）及时按图（单）清点、查看厨柜部件。

（2）清扫厨房，采取相应的防范措施（如在地面铺一层硬纸板）。

（3）了解用户对安装的要求，协调好与现场装修施工队的关系，切忌与用户发生争执。

（4）在安装过程中发现问题，首先征询设计师意见。

（5）在安装吊柜过程中如不能确定墙体内是否有暗管或对暗管的走位不明确，应询问用户或通过用户询问装修施工队。

（6）吊柜与墙体采用吊码连接固定，每个吊柜至少有 2 个吊点，保证吊柜牢固，载重安全。

（7）地柜安装应用水准仪校平，门板调整至缝隙均匀，拉手和水槽安装美观、整洁、卫生、无缺损，抽屉、拉篮等柜内配件安装精确，外观、手感、使用全部达标，最终台面抛光、布胶、细部美化整体到位。

（8）安装结束后做好清洁工作。

（9）接受用户验收，教会用户使用，交代注意事项，请用户在验收单上签字，对于与其他施工队同步施工安装的厨柜，应与用户落实厨柜保护措施。

3. 安装的步骤

（1）柜体的安装

1）柜体的连接方式。进行柜体安装前需要了解柜体的连接方式和专用连接件。在厨柜发展初级阶段，偏心连接件和直穿螺钉组合方法是常用的连接方式，此方式容易使板材断面开裂。由于这两种方式并不需要精密的机械加工设备，一般采用手提电动工具就能操作，所以被中小型的厨柜公司普遍运用。目前较多采用圆榫梢连接方式，它既确保连接强度又能保持箱体内外无钻眼破损，是一种精度较高但需要精良机械作后盾的连接方式。常见的柜体连接方式如图 5—12 所示。

2）单体柜的安装。厨柜的柜体是典型的板式结构，一个单柜体是一个完整的六面体，所以，单体厨柜一般由 6 个面组成，如图 5—13 所示为单柜体的分解图。

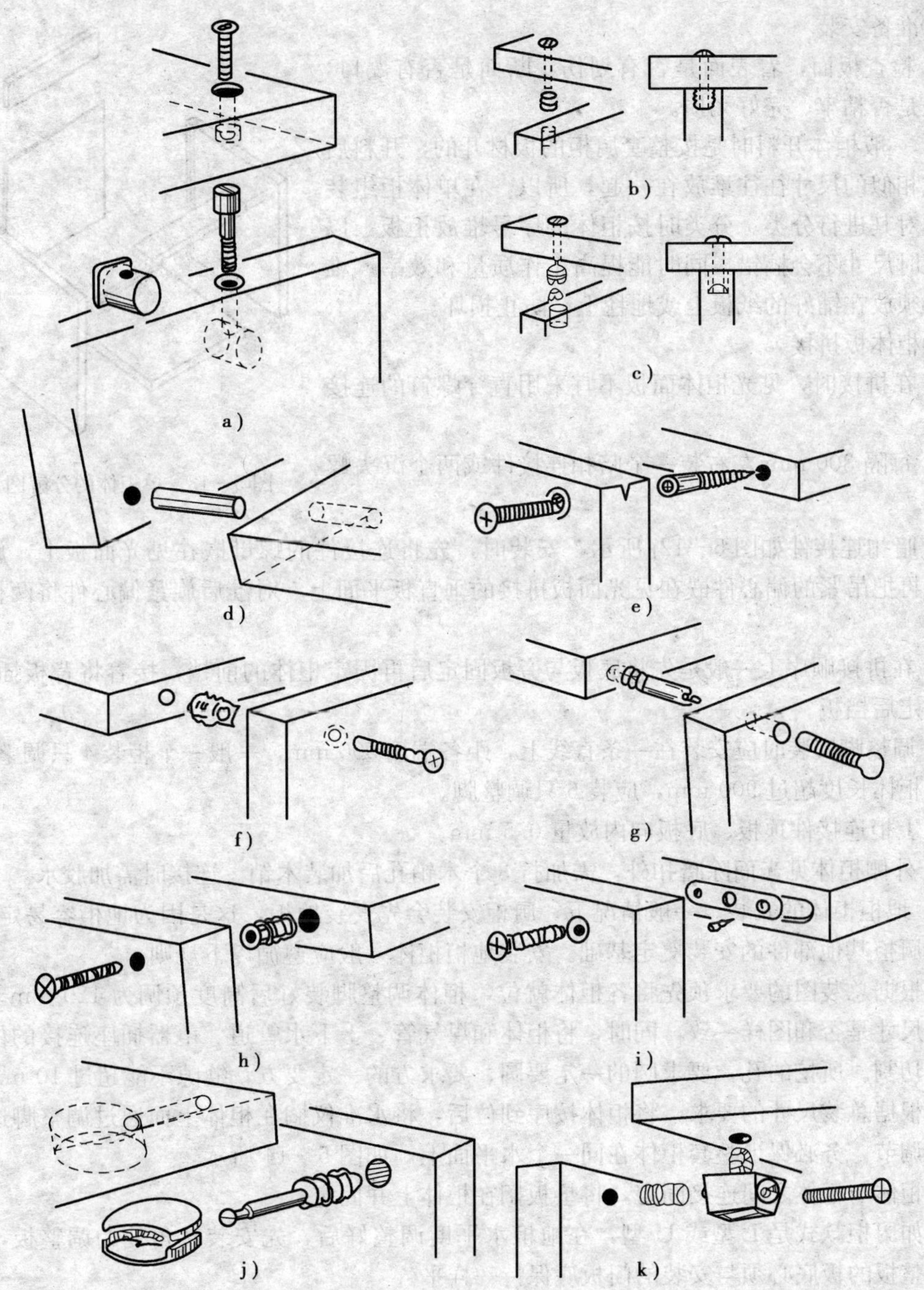

图 5—12　常见的柜体连接方式

a）定位对接式连接　b）尼龙倒刺连接　c）塑料胀管连接　d）圆榫梢连接　e）空心螺钉连接　f）抓齿式连接　g）涨开式连接　h）叶片式连接　i）三眼板连接　j）偏心连接　k）塞角式连接

①准备安装

a. 检查板面，看表面是否有划伤，断面是否有爆口，封边条是否粘牢、完好无损。

b. 一般柜体开料时是按整套厨柜的板材开的，开料后相同或相似的尺寸往往堆放在一起，所以，在单体柜组装前必须对其进行分类。分类时按柜体的序号堆放柜板，以便安装时尺寸不会搞错，同时能提高工作质量和效率。堆放时必须放在铺好的纸板上或地毯上，防止损坏。

②柜体板拼接

a. 在拼接时，见光柜体面板不宜采用直穿螺钉的连接方式。

b. 每隔 300 mm 左右装一个暗扣连接件或两个沉头螺钉。

图 5—13　单柜体的分解图

c. 暗扣连接件如图 5—12j 所示，安装时，先将连接件的螺母嵌在见光面板上，旋紧螺杆后再把吊紧的偏心件嵌在见光面板拼接的垂直板平面上。对准后旋紧偏心件将两板固定。

d. 在拼接顺序上一般是先将底板与旁板固定后再固定柜体的前挡，接着将背板插入，最后固定后挡板。

e. 调整脚安装时应安装在一条直线上，距各端面 500 mm，一般一个柜装 4 只调整脚，如果下柜体长度超过 900 mm，应装 6 只调整脚。

f. 上柜连接件顶板、底板向内放量 0.5 mm。

g. 外侧柜体见光面除暗扣外，需加打 3 个木销孔后加装木销。连接时需加胶水。

3）地柜柜体的安装。一般情况下，厨柜安装会先安装地柜，这是因为地柜容易定位，并可为厨柜其他部件的安装奠定基础。安装地柜柜体一般应遵循以下规则：

①根据总装图的要求预先将各柜体就位，柜体调整脚装好后高度预调为 120 mm。检查总长尺寸是否和图样一致，同时，将柜体和煤气管、上下水管道、电器插座连接的位置先挖孔切割。所挖的孔，要求圆的一定要圆、要求方的一定要方，缝隙不能超过 10 mm。

②根据总装尺寸的要求，将柜体按序到位后，将水准仪搁在柜体上面通过调整脚进行水平度调节，务必保证整套柜体在同一个水平面上，如图 5—14 所示。

③柜体与柜体之间连接固定，将垫板搁在柜体上并固定。

④如厨柜款式是 L 型或 U 型，在地柜水平度调整好后，先安装转角处的调整板，安装时调整板的板底必须与安装的门板底保持一样平。

⑤柜体连接时，一般先用 3 mm 的麻花钻打一孔，但不能打穿柜体，再用螺钉进行固定。

⑥当柜体为大立柜时，为增加强度须在底部另加 100 mm×40 mm×2 mm 金属扁铁。

图 5—14　用水准仪找平

⑦安装拉篮时，应离门板内侧面 5 mm。拉篮底部如无滴水盆应由柜底板内侧向上移 20 mm 处安装，有滴水盆底应由柜底板内侧向上移 40 mm 处安装。

⑧其他功能性五金件，如米箱、垃圾箱、转角拉篮以及烤箱、消毒器等设备均按说明书要求安装。

4）吊柜柜体的安装。吊柜柜体由于安装在墙面上，所以必须先检查墙面的（垂直）情况，可借助于安装好的地柜柜体进行定位和安装。安装时，一般遵循以下的规则：

①先根据图样所注尺寸，标定一根水平基准线，所有的吊柜垂直方向的位置均按此线定位。

②根据图样复核吊柜总长，并与墙体总长度进行误差比较，误差小于 10 mm 的可把误差平均分配在两侧，如误差较大可将误差尺寸分配在吊柜靠墙、门或转角部分，再通过调整脚弥补。

③柜体尺寸如大于墙的总长度，则必须修改柜体。改动柜体的原则是：玻璃门、百叶门、吸油烟机上部柜体不能改动，尽量修改开放柜和调整柜，或者改动其他不显眼的柜体。

④对柜体与煤气管表、电源插座、上下水管道等有关联的部分，必须在吊柜安装前再次准确定位，并进行打孔处理。

（2）门板的安装。门板的安装要做到横平竖直，门板闭合紧密，门之间缝隙小且统一均匀，否则门无法关严实。安装时，一般遵循以下规则：

1）对侧身板与墙壁紧贴的厨柜，门板应从转角处开始安装。如侧身板有未见光面的应从见光面部位开始安装。

2）抽屉的安装。厨柜的抽屉常用弹簧绞链和导轨连接，所以在安装前必须认真检查这些五金件。

3）门板与台面下沿或压顶条之间的间隙约 3 mm。相邻门板的间距应在 1～3 mm 之间，安装好的门板要求上下对齐，左右间隙均匀（见图 5—15）。门板安装好后，应将绞链盖好。

图 5—15　相邻门板之间

4）一般在门全部装好后再装抽屉，抽屉从下向上装，抽屉最上边与最下边必须与左右两边门的上、下沿在一条直线上，抽屉两边与门的相邻间隙应一致，抽屉面板与抽屉面板之间的间隙在 2～3 mm 左右。

5）门拉手的安装位置应在工厂用专用设备加工，若客户有特殊要求时，必须征求用户意见，安装时必须根据拉手固定，孔距按拉手实测尺寸确定。

（3）台面的安装

1）台面安装要求

①炉灶隔热处理。嵌入式炉灶在安装时需特别注意，如果处理不当，可能会引起较严重的后果，甚至台面破裂。人造石台面的使用温度，即长时间（超过 120 min）连续使用时的表面接触温度，应不超过 70℃。所以，在加工安装人造石台面时，应充分考虑用户的使用环境，采取有效的隔热和散热措施。转角处要用板材托底加固处理。

②炉灶的底面与台面之间应保留至少 5 mm 间隙。在炉灶的底面与台面之间用双层锡铂纸作散热处理，锡铂纸的亚光面对炉灶、台面，亮光面相对，并成喇叭口。

③对于散热能力强、火力大的炉具，最好是在炉灶下面与台面之间用锡铂纸作隔热处理。

④嵌入式炉灶不宜使用灶体下面四角是直角的炉灶，因为开孔处易开裂。

⑤灶具和洗涤池与台面相接处应用有机硅防水胶密封，不得漏水，并且灶具四周与台面相接处宜用绝热材料保护，以防台面开裂或碳化。

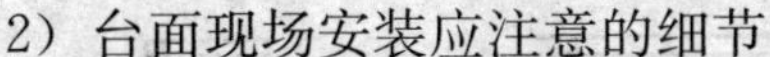

2）台面现场安装应注意的细节

①根据多次安装试验证实，能最有效地承托台面的支撑构架是梯形框架结构，相邻支撑板之间的最大距离为 300 mm。或是在台面的反面用 3 条宽约 80～120 mm 的木质垫板。安装垫板时应选用硅胶来粘合，不能用螺钉或铁钉固定。

②选用梯形构架支撑或条形支撑，主要目的是保证台面板有效地散热。如果使用整块垫板，台面在使用时所承受的热量会长时间地保留在台面内面，使台面受损而留下隐患。而且梯形构架支撑或条形支撑受力效果比整板效果好，主要反映在抗冲击力强。

③安装台面前先检查已经安装的厨柜是否水平，如不水平，则在安装台面前必须调平，以保证台面受力均匀。

④现场接驳时，垫板的处理方法是将接驳处的一端伸出约 100 mm，而另一接驳处垫板相应缩进。

⑤在厨柜拐弯处或柜身之间的虚位要加强支撑承托。台面垫板建议使用 18 mm 的防潮板。

⑥在安装台面时，注意台面与墙壁（包括柱、水管、墙角柱等）之间都必须保留 3～5 mm的伸缩缝，以避免因热胀冷缩而拉坏台面。安装完后用硅胶将台面四周填封好。在安装垫板时，前裙与垫板之间也要保证 2～3 mm 的距离，目的是保证有效的伸缩空间。

（4）灶具的安装

1）灶具需安排在离可燃物（壁面）150 mm 处，离非可燃物≥50 mm。

2）若上方装有吸油烟机，则其距灶面 650～750 mm 为宜，若上方有其他悬挂物，则灶面与悬挂物之间保持 1 000 mm。

3）燃气软管安装

①安装前要注意用户所使用的燃气种类是否与铭牌标示的使用种类相同。

②将胶管扣套在灶具下方的胶管接头上，直至红色记号为止，并束紧胶管扣。

③试漏。使用稀薄的中性清洁液（皂液）涂在接头部位，将燃气来源阀门打开，如果有气泡产生，证明漏气，则应关闭阀门，重复以上安装动作。

④使用瓶装液化石油气，选用一般家庭使用的低压调压器（减压阀），其压力为 2 745 Pa。

⑤如果气源胶管处在灶具的左方，专业人员应将其弯管接头转向左边，并做气密性检查。

（5）消毒柜的安装

1）壁挂式消毒柜的安装。可以根据所需高度（参考安装尺寸见图 5—16），在墙壁上埋入孔距在 650～700 mm 范围内的 M6 膨胀螺栓，再将两只直角挂板用 M6 螺母分别固定在膨胀螺栓上，最后将消毒柜两只平挂板装入柜顶挂槽内，调整好间距，将直角挂板导入平挂板后，用 M5 螺钉将其紧固为一体（直角挂板上设有两个定位孔，可根据使用的具体情况，进行前后调整安装，并相应选择不同的橡胶垫脚，以达到整机平衡要求），安装工作即已完成。

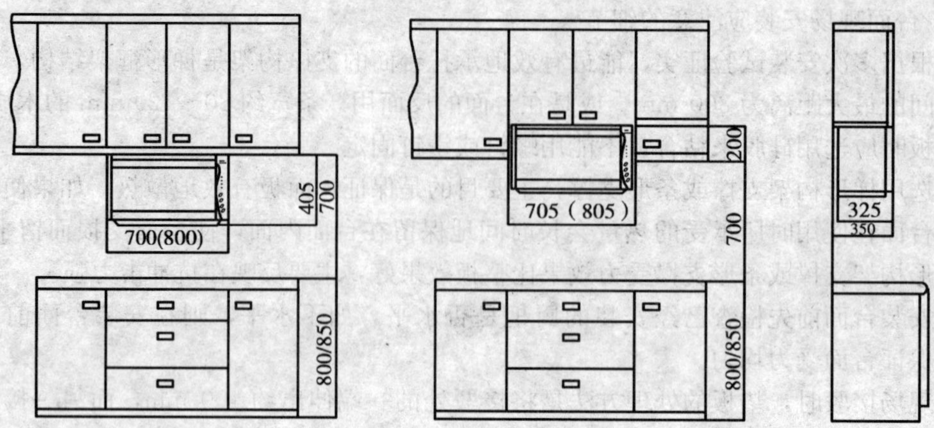

图 5—16　消毒柜与厨房吊柜标准组合图

注：图中括号内的数据为 ZGD46－S5B，ZG46－S5BGD 的尺寸

2）吊挂式消毒柜的安装

①先在具有足够承装重量的顶面木结构柜板合理位置上，钻开 4 个 ϕ7 mm 的通孔，将 4 只 M6 吊挂螺钉分别拧入 2 只挂板中，自下而上穿入柜板、垫板和 ϕ6.5 mm 垫圈后，用 M6 螺母预紧连接，使柜板与挂板间留有不少于 5 mm 的间隙。

②将平挂板装入消毒柜顶部挂槽中，调整好相对位置后套入 2 只挂板中，使消毒柜悬挂起来，再将 4 只吊挂螺钉上已预紧的 M6 螺母拧紧，消除挂板与柜板之间的间隙后，安装工作即已完成。

3）嵌入式消毒柜的安装。将消毒柜推入合适柜体中并按其说明书要求固定即可。

（6）吸油烟机的安装

1）将冲击钻配 ϕ8～ϕ10 mm 冲击钻头，其他必要安装工具、吸油烟机附件等备全待用。

2）在坚实的墙面确定冲击钻钻孔位置并打孔，牢固预埋膨胀管，将长挂钩用木螺钉紧固于墙上。

3）用 M4×10 螺钉，紧固出风罩于主机上。

4）将止逆阀组件置于出风罩中，用螺钉将弯形风管固定于出风罩上，螺钉应进入止逆阀组件槽中。

5）挂牢主机且不能倾斜，机体后贴墙面，下端略有垫脚缝。

6）安装排气管，要求弯角自如，接口严密，止逆阀叶片启落无阻挡。

7）插入油杯，安装完成。

（7）给水管和排水管的安装

1）给水立管与支管连接处均应设一个活接口，各户进水应设有阀门。对于厨房内管线及接口安装，定位的尺寸误差在－2.5～＋2.5 mm 之间为宜。

2）洗涤池排水管的安装方法

①洗涤池必须配置固体过滤和水封装置。

②与排水立管相连时优先采用硬管连接，并按规范保证坡度，当受到条件限制时，可采用波纹软管。

③排水管穿过洗涤池柜处的 ϕ60 mm 孔洞，其位置应根据具体工程确定后预留或后钻孔。

(8) 安装交付前的自检和细节调整要求。安装交付前的自检和细节调整是在安装工作全部完毕后正式交付前必须要做的工作，它包括的内容有：

1）厨柜的实际结构、布局与设计方案一致。

2）厨柜的实际用材、五金配件与订单相一致。

3）所有五金配件、电器均按要求安装，均可正常使用。

4）柜门开关自如，门缝以 2～3 mm 为准。

5）门板无变形，板面平整。

6）柜体之间密缝，无上下前后错落（设计考虑除外）。

7）台面后挡水与墙的缝隙以 5 mm 内为准。

8）台面无色差，接缝以视觉上看不见为准。

9）凡设计中靠墙的柜子与侧面墙的缝隙不大于 10 mm（排除墙壁倾斜因素）。

10）吊码开孔以看不见为准。

11）抽屉、拉篮抽拉自如，无阻滞感。

12）硅胶用胶均匀，平整。

13）柜体开管道孔中心对齐，大小合适。

14）厨柜所有组件无损坏、划伤，无涂划痕迹，无异常附着物。

15）水槽、灶具开孔的大小、位置、角度正确。

5.2.4 质量验收与交付

1. 安装质量标准

（1）根据图样测量现场尺寸，复核图样标注尺寸是否与之相符。

（2）连接组合柜体时，台面外沿距离门板外表面尺寸为 15～20 mm，柜体距离墙体有 5 mm 预留缝隙（防潮处理）。

（3）调节调整脚高度，使地柜上表面水平，1 M 内垂直误差小于 1 mm。

（4）确定地柜高度前，应从地柜水平面垂直向下返量尺寸（不应从地面返量尺寸，地面不平），测量现场瓷砖线是否在同一高度，如标高差大于 3 mm，应跟用户沟通，是按水平安装还是按瓷砖线安装。

（5）吊柜必须用吊码安装，如吊柜按瓷砖线安装，可能出现吊柜水平总长度增大现象，或柜体墙面有不等宽的缝隙（侧面有墙时）。

（6）台面板接缝处事先处理黏接处的灰尘，做到接口处干净、平齐；黏结无色差，无明显胶印。

（7）抛光打蜡要均匀，无蜡痕，台面光亮无灰尘，无划痕。

2. 安装尺寸公差

（1）台面及前角拼缝差应≤0.5 mm；人造石应无拼缝。

（2）吊柜与地柜的相对应侧面直线度允许误差≤2.0 mm。

（3）在墙面平直条件下，后挡水与墙面间距应≤5.0 mm。

（4）厨柜左右两侧面与墙面的间距应≤10 mm。

（5）厨柜台面距地面高度公差值为±10 mm。

（6）门与框架、门与门相邻表面、抽屉与框架、抽屉与门、抽屉与抽屉相邻表面的公差应≤2.0 mm。

（7）台面拼接时的错位公差应≤0.5 mm。

3. 牢固度

（1）台面与柜体要结合牢固，不得松动。

（2）吊柜安装完毕，门中缝应能承受 150 N 的水平冲击力，底部应能承受 150 N 的垂直冲击力，柜体无任何松动和损坏。

4. 安全指标

（1）吊柜与墙面的安装应结合牢固，不得有吊柜跌落或吊码松动、变形现象。

（2）木家具、人造板及其制品中甲醛释放量应符合 GB 18580—2001 的规定。

5. 确认交付

在按照标准对厨柜进行验收后，安装人员必须征得用户确认及签字，完成交付。

5.3 厨柜维护与保养

随着人们对厨房的品位及内涵的逐渐重视，消费者已把厨房作为装修工程的重头戏，但是让很多消费者头疼的事却接踵而来：厨柜的使用频率过高该如何保养？厨柜在使用过程中出现一些异常或故障该如何解决？所以，了解并向用户交待厨柜维护和保养的具体要求，对提高厨柜的使用寿命有重要的意义。

5.3.1 柜体的维护与保养

1. 日常使用中，应避免水或其他液体渗入柜内，以免柜体长时间与液体接触，同时保持厨房通风干燥。

2. 餐具、炊具等在清洗完毕后，应先沥干水分并擦拭干净再放入柜子，以免造成柜子潮湿。

3. 定期清洁。清洁柜身时，切忌用湿布直接擦拭柜身，如有水迹要及时擦拭干净。

5.3.2 台面的维护与保养

1. 台面表面尽量保持干燥。耐火板、抗倍特台面避免长期浸水，防止台面开胶变形。

人造石台面要防止水中的漂白剂和水垢使台面颜色变色，影响美观。

2. 严防烈性化学品接触台面，如去油漆剂、金属清洗剂、炉灶清洗剂、亚甲基氯化物、丙酮（去指甲油剂）、强酸清洗剂等。若不慎与这些物品接触，应立即用大量肥皂水冲洗表面；若沾上指甲油应用不含丙酮的清洗剂（如酒精）擦拭，再用水冲。

3. 不要让过重或尖锐物体直接冲击表面，超大或超重器皿不可长时间置于台面之上，也不要用冷水冲洗后马上再用开水烫。

4. 用肥皂水或含氨水成分的清洁剂（如洗洁精）洁洗台面。对于水垢可以用湿抹布将水垢除去再用干布擦净。

5. 对于刀痕、灼痕及剐伤的处理。如果台面是亚光，可用 400～600 目砂纸打磨直到刀痕消失，再用清洁剂和百洁布恢复原状；如果台面是镜面，先用 800～1 200 目砂纸打磨，然后使用抛光蜡和羊毛抛光圈以 1 500～2 000 r/min 低速抛光机抛光，再用干净的棉布清洁台面；细小白痕用食用油和干抹布润湿，轻擦表面即可。由于不同原因使台面有较多划痕，或由于使用时间较长（1～2 年）影响美观，可请专业技术人员进行专业处理。

6. 人造石台面的日常维护要注意：

(1) 连续烹饪时间不宜过长，以不超过 2 h 为宜。

(2) 禁止将进行过高温烹饪的炊具（如高压锅、煲之类）直接放置于台面上，防止台面局部损坏。

(3) 勿将物品长期放置于台面某一位置，以免因光线原因引起台面色差。

7. 所有厨柜台面均不宜直接做切菜板用，应在上面加垫切菜板。

5.3.3 门板的维护与保养

1. 常清洗，多擦拭，经常保持门板的干爽。高光面门板需使用质地较细的清洁布擦拭；实木门板最好用家具水蜡清洁；水晶门板可用绒布清洁擦拭，或以干布轻拭；烤漆门板则要用质细的清洁布蘸中性清洁液擦拭，要避免尖物接触留下刮痕。另外，轻开轻关门板、门铰链定期上机油等可以延长厨柜的使用年限。如屋内湿度过高，则需要在厨房内加装除湿机，以保持厨柜的干燥，防止变形。

2. 水晶门板及烤漆门板由于色彩亮丽，深受众多家庭的喜爱。这些门板在清洁时，禁用硬质物件碰撞、摩擦门板表面，禁止使用化学用品（如天拿水、环酮等）作清洁剂，以免损伤门板。

另外，烤漆门板，使用久了漆面的光泽就变得很暗。可泡上一壶浓茶，等稍凉后用软布蘸上擦洗漆面，即可恢复原来的光泽。

3. 安设玻璃推拉门或木制拉门，如遇有拉门发紧或磨损严重，可采用以下方法处理：在拉门的下拉槽内，滴上一些蜡，如不便带火滴蜡，也可将蜡削末，放入下拉槽内，由于蜡的润滑作用，拉门就会滑动自如了。如家具中的抽屉发紧，也可用此种办法来润滑。

4. 柜门应避免长时间地被阳光直射，以防止门板出现变形、变色、开裂、脱胶、鼓泡等问题。

5.3.4 相关设备的维护与保养

1. 厨房电器包括吸油烟机、灶具、微波炉、烤箱、消毒柜、洗碗机和电冰箱等，在使用前要详细阅读有关产品的使用说明书，以确保正确使用，避免因使用不当造成的损坏。

2. 厨房各类电器应严格参照电器的使用说明进行清洗和保养，在清洗之前，首先应切断电源以确保人身安全。

3. 水槽是整个厨房中最难清洁的部件之一。不锈钢水槽在清洗时忌使用硬质百洁布、钢丝球、化学剂擦拭或钢刷磨洗，应使用软毛巾、软百洁布带水擦拭或用中性清洁剂，否则容易造成刮痕或侵蚀。清洁其他材质的水槽，可以使用洗洁精或肥皂水来去除油腻，清洗时，应避免使用硬质的清洁工具。珐琅水槽要避免重击或尖锐物弄伤表面。水槽切勿积水，如有排水不良的现象，应尽快请维修人员来检修。如果水槽、出水管接头漏水，必须及时修理，否则将导致柜身受潮而发霉、发胀。

4. 每次清洗水槽时要记得把滤盒后的管部颈端一并清洗，以免长期使用后油垢越积越多。如果出现类似情况可以在水槽内倒一些去油的清洁剂然后用热水冲，再用冷水长时间冲洗。

5. 带腐蚀性的食品如芥末、酸醋、柠檬汁、盐、酱汁、茶叶等如长时间残留在水槽，会慢慢侵蚀不锈钢表面，使水槽表面出现难以清除的痕迹。所以，这类食品的残渣如留在水槽中，应及时清洗干净。

6. 不要将带污迹的海绵、抹布、胶垫等长期放置在水槽表面，以免引起铁质沉淀，造成水槽表面变色或出现锈迹。

7. 原则上所有的五金配件都应保持干净和干燥，若沾水应及时擦干，以免形成水痕或被锈蚀。

8. 铰链和滑轨在使用时间较长后应定期添加润滑油以保证部件开合顺滑。

9. 拉手上不要悬挂重物和湿物，如有松动可调节其后部的螺钉。

10. 拉篮或抽屉在存放物品时注意不要超出它们所能承受的质量范围，以免损坏该部件或者减短使用寿命。

11. 不能使用酸碱性强的化学洗剂擦拭各类五金配件。

5.3.5 常见故障排除

1. 铰链的调整方法

调整时需使用旋具。当柜门出现部分掉落或错位的情况时，可参照以下方法进行调整，如图 5—17 所示。

(1) 柜门部分掉落时的修理方法：将螺钉 A 拧紧。

（2）柜门前后方向的调整方法：将螺钉 A 拧松，移动铰链，调整后再将螺钉 A 拧紧。

（3）柜门左右方向（错位）的调整方法：将螺钉 A 拧松后，调整螺钉 B，将铰链固定到理想位置，再将螺钉 A 拧紧。

2. 层板位置的调整方法

将层板托拔出，插入到希望固定的最后位置，再将层板妥善置于其上即可，如图 5—18 所示。

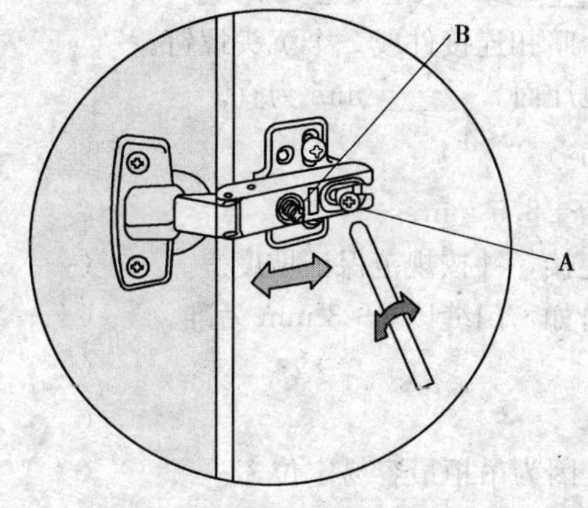

图 5—17 铰链的调整

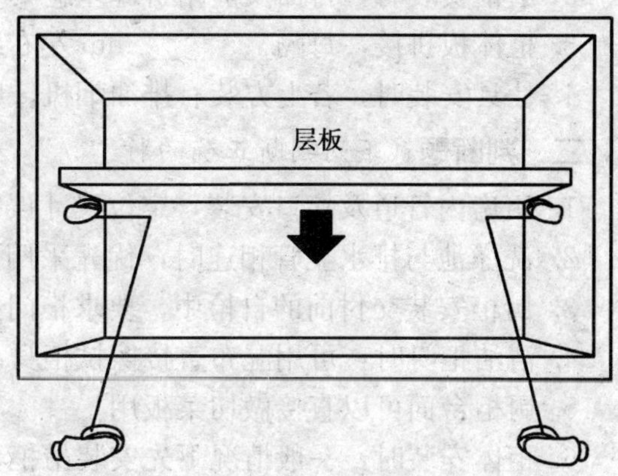

图 5—18 层板位置的调整

职业技能鉴定要点

行为领域	鉴定范围	鉴定点	重要程度
理论准备	厨柜制作工艺	柜体制作工艺	★★
		门板制作工艺	★★
		台面制作工艺	★★
技能训练	厨柜制作工艺	厨柜制作常用设备的认识和操作	★★★
		柜体制作	★★
		门板制作	★★
		台面制作	★★
	厨柜安装	安装工具的选择使用	★
		安装前厨房环境验收	★★★
		现场组装	★★★
		质量验收与交付	★★★
	厨柜维护和保养	柜体的维护与保养	★★
		台面的维护与保养	★★
		门板的维护与保养	★★
		相关设备的维护与保养	★★
		常见故障排除	★★★

单元测试题

一、填空题（请将正确的答案填在横线空白处）

1. 装配后柜体宽度方向应为负公差－1 mm，对角偏差应小于________ mm。
2. 厨柜安装时，台面及前角拼缝差应≤________ mm，人造石应无拼缝。
3. 柜体板拼接，每隔________ mm 左右装 1 个暗扣连接件或 2 个沉头螺钉。
4. 灶具安装时，若上方装有排油烟机，则其距灶面________ mm 为宜。

二、判断题（下列判断正确的打"√"，错误的打"×"）

1. 厨房内管道及接口安装，定位尺寸误差应为±5.5 mm。（　）
2. 洗涤池与排水立管相连时，优先采用硬管连接，并按规范保证坡度。（　）
3. 厨柜安装交付前的自检中，要求柜门开关自如，门缝以 2～3 mm 为准。（　）
4. 清洁柜身时，可用湿布直接擦拭柜身。（　）
5. 厨柜台面可以直接做切菜板用。（　）
6. 柜体安装时，一般情况下先安装吊柜，这是因为吊柜最容易定位。（　）

三、单项选择题（下列每题的选项中，只有 1 个是正确的，请将其代号填在横线空白处）

1. ________用于柜身部件和门板的封边加工。
   A. 封边机　B. 双端铣　C. 裁板机　D. 推台锯
2. ________用于厨柜各部位连接孔的加工。
   A. 封边机　B. 排钻　C. 模压机　D. 推台锯
3. 人造大理石台面加工的最后一道工序是________。
   A. 下料　B. 前后挡水成型　C. 打磨和抛光　D. 拼装
4. 电气线路布置图中，地柜嵌入电器使用的插座距地面高度尺寸为________ mm。
   A. 300　B. 1 300　C. 2 000　D. 2 500

四、多项选择题（下列每题的选项，至少有 2 个是正确的，请将其代号填在横线空白处）

1. 安装厨柜的墙面应贴满瓷砖，厨柜背面铺瓷砖主要是从________方面考虑。
   A. 防水　B. 美观　C. 防潮
   D. 受力　E. 安全
2. 门板的安装要做到________。
   A. 不易被阳光直射　B. 横平竖直　C. 门板闭合紧密
   D. 门之间缝隙小　E. 门之间缝隙均匀
3. 防火板门板加工制作工艺流程包括________。

A. 裁板　　B. （素刨花板）贴面　　C. 封边
D. 铣型　　E. 打孔

单元测试题答案

一、填空题

1. 1　2. 0.5　3. 300　4. 650～750

二、判断题

1. ×　2. √　3. √　4. ×　5. ×　6. ×

三、单项选择题

1. A　2. B　3. C　4. A

四、多项选择题

1. ABCDE　2. BCDE　3. ABCE

知识考核模拟试卷

一、判断题（下列判断正确的请打“√”，错误的打“×”；每题1分，共45分）

1. 柜体连接件是用于吊挂吊柜的五金件。（　　）
2. 吊柜的设计往往不必要考虑煤气表、开关和管线等内容。（　　）
3. 金属门板的材料主要是不锈钢和铝材。（　　）
4. 刨花板结构稳定、不容易变形。（　　）
5. 欧洲健康环保 E_1 标准规定游离甲醛含量≤9 mg/100 g（　　）
6. 人造板中的添加剂是游离甲醛的主要来源。（　　）
7. 天然石材长久在厨房环境下使用会有油污渗透其中。（　　）
8. 人造大理石台面表面的损伤可以通过打磨来修复。（　　）
9. 单元计价是厨柜生产厂家标准化、规范化的体现，也是国内行业趋于成熟的体现。（　　）
10. 厨房墙内有暗设管线的路径不需要作测量和记录。（　　）
11. 复测是通过对装修房的精确测量为最后的定量设计做准备。（　　）
12. 厨房电源插座的数量和位置尺寸不影响厨柜设计。（　　）
13. 厨房设备允许分模数，分模数基本为1/10 M，1/5 M，1/2 M。（　　）
14. 模数协调的最基本原则是实现住宅部品件的通用性和互换性。（　　）
15. 整体厨房是集成厨房概念的延伸和提升。（　　）
16. 厨房工作三角区中，3个主要设备间的距离越近越好。（　　）
17. 厨房工作三角区是指烹调工作的动线。（　　）
18. L型厨房布局将就餐区人为的缩小了。（　　）
19. U型厨房布局适合较大的、开放型的空间，功能灵活。（　　）
20. 实木型厨柜只有门板采用实木材料制作。（　　）
21. 灶台最好设计在台面中央，保证灶台旁预留有足够的工作台面，以便烹饪完毕时可安全地放置从炉上取下的锅或汤煲，避免烫伤。（　　）
22. 吸油烟机排气管与接口处应采取密封措施。（　　）
23. 厨房给水（含冷、热水）宜采用明设管道。（　　）
24. 穿墙面的给水管口接头宜高于台面≥200 mm。（　　）
25. 男性站立时举手取物的舒适高度为1.8 m。（　　）
26. AutoCAD在默认情况下，图案填充的快捷键是H或BH键。（　　）
27. 在AutoCAD中无法使用透视方式观察三维模型。（　　）

28. 推台锯用于柜身部件和门板的封边加工。 ( )

29. 模压机能使 PVC 膜在高温高压情况下顺利覆在板材上。 ( )

30. 油漆门板烘烤时的温度一般控制在 60～80℃，每次时间在 3 h 左右。 ( )

31. 封边条常用材质是 PVC 塑料成品带材，一般厚 2 mm，宽 20～22 mm。 ( )

32. 压克力型人造石板选用不饱和树脂为主要原料，经浇注、开放式固化加温后聚合成型。 ( )

33. 打磨和抛光是台面加工的第一道工序。 ( )

34. 厨房土建装修后的环境要求规定墙面平、直，角度为 90°±5°。 ( )

35. 厨房内的采暖方式可采用集中热源或户式热源的散热器采暖系统。 ( )

36. 装配的前提是熟悉结构，领会设计意图。 ( )

37. 柜体连接时，一般先用 3 mm 的麻花钻打一穿过柜体的孔，再用螺钉进行固定。 ( )

38. 嵌入式灶具安装应与吸油烟机对准，允许公差为±50 mm。 ( )

39. 厨柜摆放应协调一致，台面及吊柜组合后应保证水平。 ( )

40. 洗涤池与排水立管相连时；优先采用硬管连接，并按规范保证坡度。 ( )

41. 厨房安装时，台面及前角拼缝差应≤1.5 mm，人造石应无拼缝。 ( )

42. 台面拼接时的错位公差应≤1.5 mm。 ( )

43. 清洁柜身时，可用湿布直接擦拭柜身。 ( )

44. 厨柜台面宜直接做切菜板用。 ( )

45. 柜门应避免长时间地被阳光直射，以防止门板出现变形、变色、开裂、脱胶、鼓泡等问题。 ( )

二、填空题（请将正确的答案填在横线空白处；每题 1 分，共 10 分）

1. 无门板的厨柜的统称为________。

2. 厨柜五金件按功能可分为________和________。

3. ________是专门使用于 L 型、U 型厨柜各转角部分的一种高档金属拉篮。

4. 市场上的整体厨柜有两种报价方式，分别是按柜体和________。

5. 厨柜是一个非标准产品，它在尺寸上的允许误差一般在________mm 以内。

6. 厨房内大的净空尺寸的测量，其测量位置为地面和________mm 高度处。

7. ________指住宅的实际长度。

8. 厨房家具的平面形式大致可分为 5 个类别，分别是：________、单排型、________、U 型和岛型。

9. 厨房排水管道采用 PVC 管材、管件，如需加长时要避免出现 S 状，且端部需留有≥________mm 长的直管。

10. 电气线路布置图中，台面使用的电器插座距地面高度为________mm。

三、单项选择题（下列每题的选项中，只有1个是正确的，请将其代号填在横线空白处，每题1分，共25分）

1. ________的厨柜设计风格是稳重大气，注重细节，体现厨柜的功能。

A. 英国　　B. 德国　　C. 意大利　　D. 法国

2. 安装在墙面上、高度在地柜台面以上的厨柜为________。

A. 高柜　　B. 操作台柜　　C. 吊柜　　D. 地柜

3. 安装在地柜或高柜底部封挡调整脚并起装饰作用的板件被称为________。

A. 踢脚板　　B. 调整板　　C. 上线板　　D. 侧封板

4. 铰链开启角度最小度数为________。

A. 65°　　B. 75°　　C. 85°　　D. 95°

5. 吊码是将吊柜悬挂在墙体上的专用配件，它的承重应在________kg以上。

A. 30　　B. 40　　C. 50　　D. 60

6. 实木门板的缺点是________。

A. 干燥不好，容易变形　　B. 易留下划痕

C. 价格比较便宜　　D. 韧性差

7. 耐火板门板基材以________为宜。

A. 刨花板　　B. 中密度板

C. 细木工板　　D. 实木

8. ________厨房是把做饭做菜的作业效率放在第一位考虑的高度专用空间。

A. K型独立式　　B. LDK型起居式

C. D型独立式　　D. LK型餐室式

9. 厨房工作三角形三边之和的理想长度是________m。

A. 4.5～6.7　　B. 2.5～6.7

C. 4.5～7.6　　D. 2.5～7.6

10. ________厨房平面布置形式动线相对较长，不宜两人交叉作业，但有利于节省空间。

A. 单排型　　B. 双排型　　C. L型　　D. 岛型

11. 当室外的给水管网提供的水压大于室内给水管网所需的水压时，宜采用________方式。

A. 直接给水　　B. 设水箱给水

C. 变频给水　　D. 水箱和水泵联合给水

12. 吸油烟机风口一般大于________cm。

A. 5　　B. 8　　C. 10　　D. 15

13. 壁式水龙头高度以________mm为宜。

A. 750～850　　B. 1 050～1 100

C. 550～750　　D. 650～900

14. 冷、热水管口中心距离以________ mm 为宜。

A. 50～100　　B. 100～150

C. 150～200　　D. 200～250

15. 一般认为操作者手臂弯曲时，手肘与操作台面的间距在________ mm 时是合适的台面高度。

A. 5～10　　B. 10～15　　C. 15～20　　D. 25～30

16. 柜体材料基材一般是刨花板和中密度板，其厚度为________ mm。

A. 10～12　　B. 12～14　　C. 14～16　　D. 16～18

17. “防火板或是烤漆的面板，满足了来去匆匆不愿花太多时间打理的这部分人的需要；简洁、明快是最大的特点与魅力。”这种厨柜设计的风格是________。

A. 简约式风格　　B. 经典风格

C. 前卫风格　　D. 田园风格

18. 植物小品的配置是________风格厨柜最突出的特征。

A. 现代风格　　B. 经典风格

C. 前卫风格　　D. 田园风格

19. 在 AutoCAD 实体属性中，通用属性主要有 4 种：________颜色、线型和线宽。

A. 坐标　　B. 图层　　C. 打印样式　　D. 比例

20. 在 AutoCAD 中用缩放命令“scale”缩放对象时________。

A. 必须指定缩放倍数　　B. 可以不指定缩放基点

C. 必须使用参考方式　　D. 可以在三维空间缩放对象

21. ________用于吸塑门板或实木贴面的加工。

A. 双端铣　　B. 推台锯

C. 模压机　　D. 封边机

22. 实木门板加工流程中烘干的目的是________。

A. 增加强性　　B. 增加光泽

C. 使含水率达到最佳　　D. 防静电

23. 实木门板国际标准和国家标准的含水率分别为________。

A. 8%，7%　　B. 6%，10%

C. 8%，9%　　D. 8%，10%

24. 地柜台面距地面高度公差应为________ mm。

A. ±6　　B. ±8　　C. ±10　　D. ±12

25. 门与框架、门与门相邻表面、抽屉与框架、抽屉与门、抽屉与抽屉相邻表面的公差应≤________ mm。

A. 1.0　　B. 2.0　　C. 3.0　　D. 4.0

四、多项选择题（下列每题的选项，至少有 2 个是正确的，请将其代号填在横线空白处；每题 2 分，共 20 分）

1. 集成化厨房包括________。

A. 空间集成　B. 功能集成　C. 部品集成

D. 服务集成　E. 文化集成

2. 影响排烟效果的因素有________。

A. 烟道口过小　B. 烟管长度和拐弯次数　C. 烟管与止回阀的接口

D. 空气流量的大小　E. 烟机过滤网的层数

3. 耐火板门板的优点有________。

A. 耐磨　B. 耐高温　C. 耐刮

D. 抗渗透　E. 易清洁、色泽鲜艳

4. 由于厨房场合的特殊性，应选择具备________的厨柜材料。

A. 安全性　B. 清洁性　C. 防潮性

D. 透气性　E. 吸水性

5. 厨柜设计现场初测的内容包括________。

A. 了解厨房的房型和相邻居室装饰格调

B. 了解房主的要求和向房主提出要求

C. 绘制厨房平面草图和相关立面图

D. 记录测量数据并向房主确认

E. 与房主交流初步的设计构思、厨房管道走向及处理方法

6. 整体厨房中“整体”的含义是指________。

A. 整体配置　B. 整体设计　C. 整体施工装修

D. 整体销售　E. 尺寸整体

7. 厨柜造型及框架设计都遵循“三点原则”，这“三点”分别是________。

A. 电源中心　B. 烹饪中心　C. 储物中心

D. 盥洗中心　E. 给排水中心

8. 厨柜安装中经常遇到的问题有________。

A. 现场的净尺寸与图面不符

B. 原设计与发包后的水、电、燃气位置差距大

C. 地漏位置在踢脚板以内

D. 厨房电器的设置不配套

E. 安装工具不配套

9. 安装厨柜的墙面应贴满瓷砖，厨柜背后铺瓷砖主要是从________方面考虑。

A. 防水　B. 美观　C. 防潮

D. 受力　E. 安全

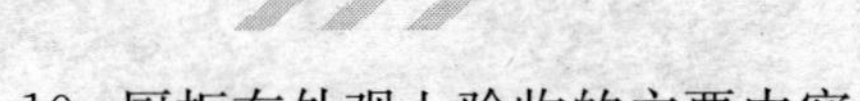

10. 厨柜在外观上验收的主要内容是________。
    A. 检查门板外表是否有碰伤、划伤、开裂和压痕等损伤
    B. 厨柜摆放位置是否按家用厨房设备设计图样要求
    C. 台面板是否水平
    D. 检查台面外表是否有碰伤、划伤、开裂和压痕等损伤
    E. 检查柜体板外表是否有碰伤、划伤、开裂和压痕等损伤

知识考核模拟试卷答案

一、判断题

1. × 2. × 3. √ 4. × 5. √ 6. √ 7. √ 8. √ 9. √ 10. × 11. √ 12. × 13. √ 14. √ 15. × 16. × 17. √ 18. √ 19. √ 20. × 21. √ 22. √ 23. × 24. × 25. √ 26. √ 27. × 28. × 29. √ 30. × 31. √ 32. × 33. × 34. × 35. √ 36. √ 37. × 38. × 39. √ 40. √ 41. × 42. × 43. × 44. × 45. √

二、填空题

1. 开放柜 2. 五金配件 五金辅件 3. 小怪物 4. 按延米 5. 5 6. 850 7. 进深 8. 单排型 L型 9. 60 10. 1 300

三、单项选择题

1. B 2. C 3. A 4. D 5. B 6. A 7. A 8. A 9. A 10. A 11. A 12. D 13. B 14. B 15. B 16. D 17. A 18. D 19. B 20. D 21. C 22. C 23. D 24. C 25. B

四、多项选择题

1. ABCDE 2. ABCDE 3. ABCDE 4. ABC 5. ABCDE 6. ABC 7. BCD 8. ABCD 9. ABCDE 10. ABCDE

技能考核模拟试卷

【试题一】　厨柜设计构思与绘制平面、立面图（60分）

1. 操作时间：120 min。

2. 操作条件

PC机、使用AutoCAD软件、A4纸一张。

3. 操作内容

设计一个厨柜设计大赛参展的作品，材料、造型、风格均不限。

设计要求：设计符合人体工程学，创意独特，效果突出；满足“环保、科技、时尚”的主题。

（1）运用线描法手绘表现设计意图及方案，并从材料选择、风格、色彩系列等方面加以文字说明。

（2）运用AutoCAD绘制平面图。

（3）运用AutoCAD绘制立面图。

4. 操作要求

（1）文字说明字数在100以上。

（2）手绘在A4纸上，在手绘稿右下角注明姓名和考号。

（3）平面图、立面图尺寸为210 mm×297 mm（A4）。

（4）在计算机桌面上建立以“考号＋姓名”为名的文件夹，所以文件均存在其中。

【试题二】　厨柜给排水、煤气、电源配置图绘制（20分）

1. 规定用时：20 min。

2. 操作条件

（1）PC机、使用AutoCAD软件。

（2）素材文件：见图卷—1。

3. 操作内容

根据提供的厨柜立面图，绘制对应的给排水、煤气、电源配置图。

4. 操作要求

（1）作品尺寸要求为210 mm×297 mm（A4）。

（2）在计算机桌面上建立以“考号＋姓名”为名的文件夹，所以文件均存在其中。

【试题三】　厨柜台面图绘制（20分）

1. 规定用时：10 min。

2. 操作条件

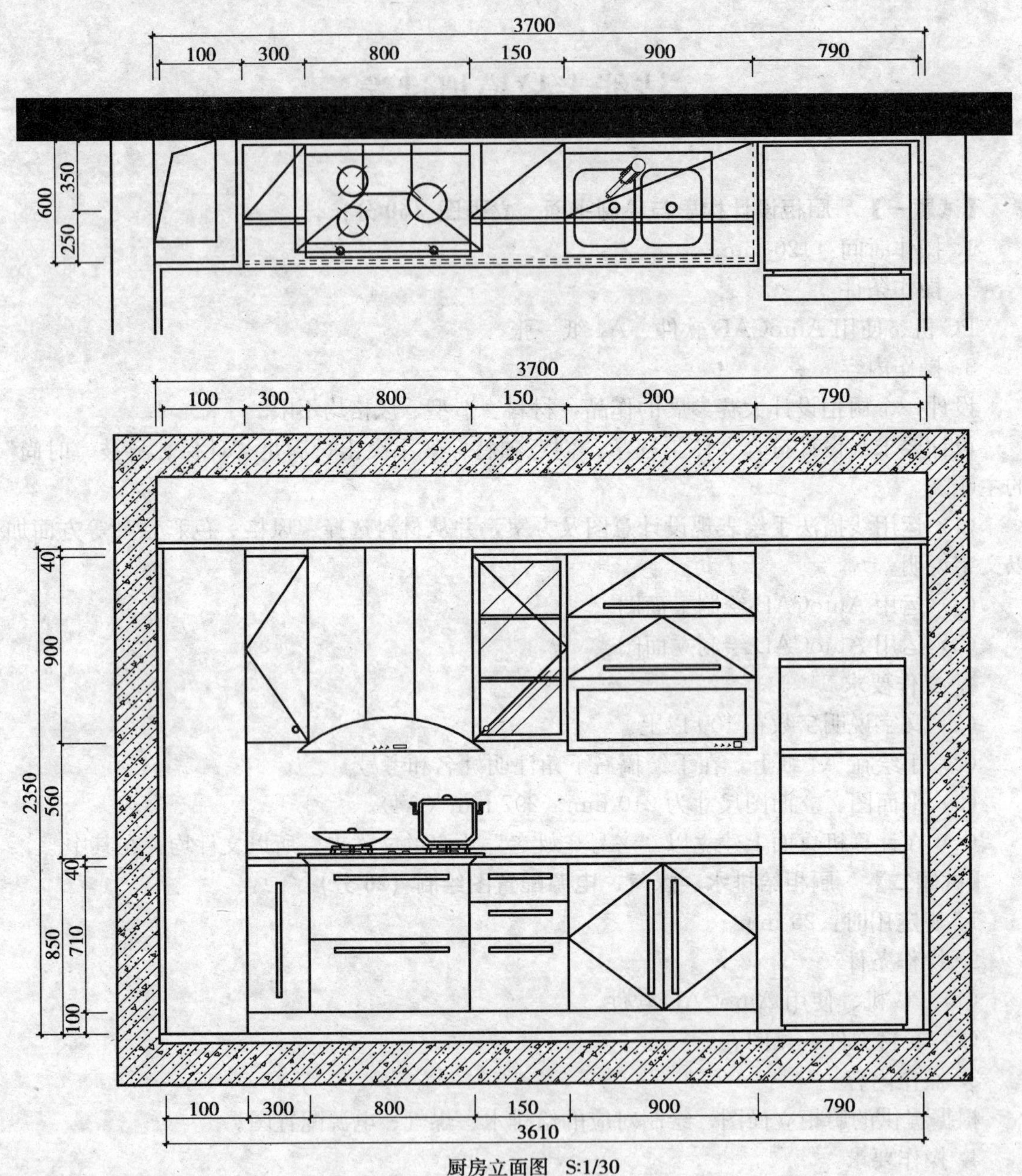

厨房立面图 S:1/30

图卷一1

（1）PC 机、使用 AutoCAD 软件。

（2）素材文件：见图卷一2。

3. 操作内容

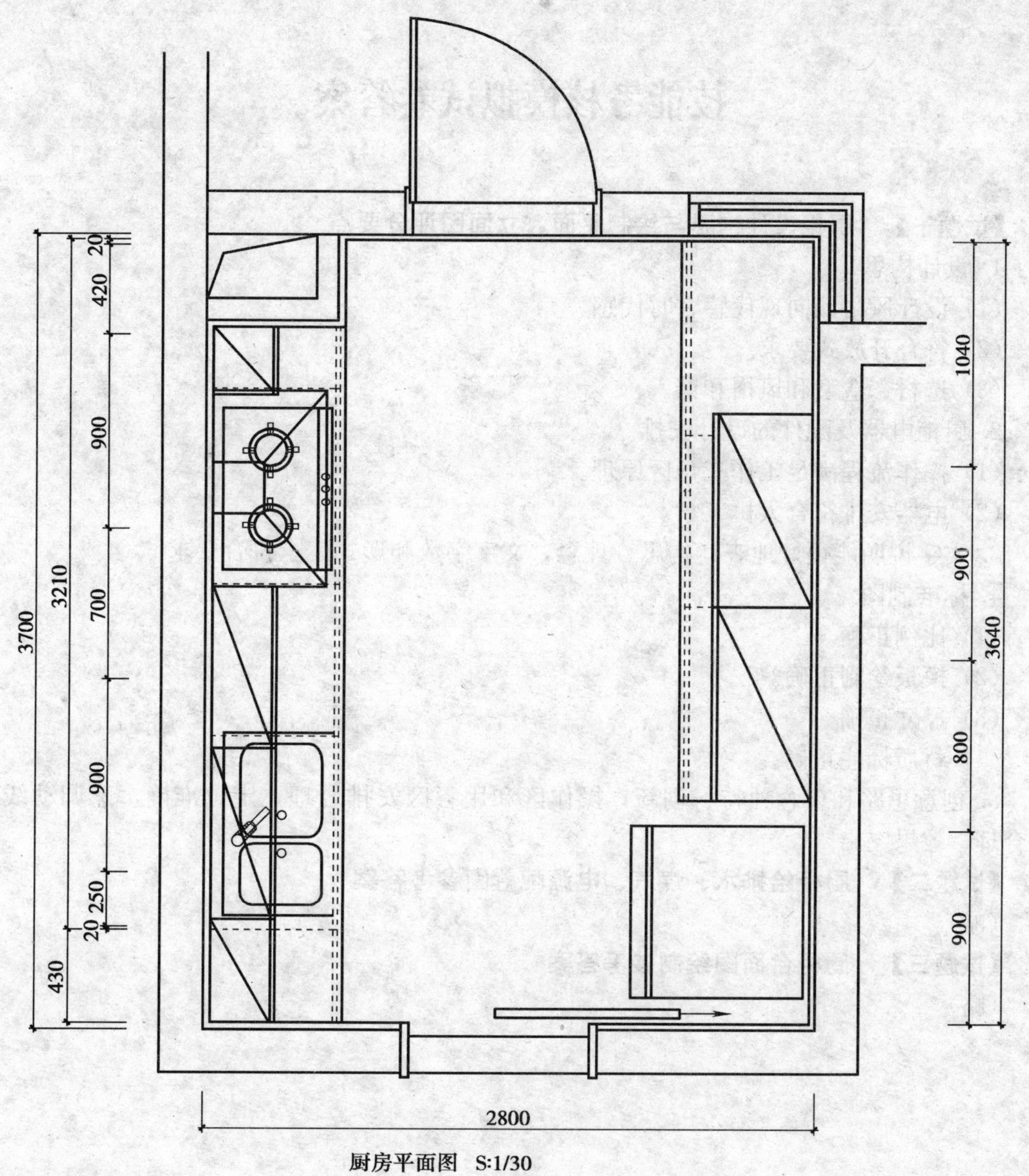

厨房平面图 S:1/30

图卷—2

根据提供的厨柜平面图，绘制对应的台面图。

4. 操作要求

（1）作品尺寸要求为 210 mm×297 mm（A4）。

（2）在计算机桌面上建立以“考号＋姓名”为名的文件夹，所以文件均存在其中。

技能考核模拟试卷答案

【试题一】　厨柜设计构思与绘制平面、立面图评分要点

1. 设计构思

（1）设计风格偏向现代感、时代感。

（2）符合开放式要求。

（3）选材、造型和风格和谐。

2. 厨柜电器及配件的设计安排

（1）操作流程满足工作三角区原理。

（2）电器安排符合人机工学。

3. 文字说明能很好地表达构思、理念，文字字数和形式完全符合要求

4. 标准制图

（1）比例正确。

（2）模板绘制正确。

（3）尺寸正确。

（4）材质标注正确。

5. 创意思路和理念独特、创新，操作区和用餐区安排合理，定位准确，烹调动线布置合理，效果突出。

【试题二】　厨柜给排水、煤气、电源配置图参考答案

（略）

【试题三】　厨柜台面图绘制参考答案

（略）

附录 1

厨 柜 术 语

一、按所处的空间位置命名的术语

1. 吊柜（wall cupboard）：安装在墙面上高度在低柜台面以上的厨柜。

2. 低柜（low cupboard）：放置在地面上起操作台作用的厨柜。

3. 高柜（high cupboard）：放置在地面上，高度高于低柜且不起操作台作用的厨柜。

二、按功能命名的术语

1. 灶具柜（cupboard for stove）：放置灶具（嵌入或台式）的厨柜。

2. 水槽柜（cupboard for flume）：放置水槽（包含排水机构）的厨柜。

3. 操作台柜（cupboard for work）：用于切、配、调理等功能的低柜。

4. 调料柜（cupboard for cooking materials）：放置调料品的厨柜。

5. 米柜（cupboard for rice）：安装米箱储米的厨柜。

6. 抽屉柜（cupboard for drawers）：安装一层或多层抽屉的厨柜。

7. 拉篮柜（cupboard for baskets）：安装各种拉篮的厨柜。

8. 吸油烟机柜（cupboard for range hood）：吸油烟机上方的吊柜。

9. 转角柜（corner cupboard）：安装在转角部位的厨柜。

10. 钢瓶柜（cupboard for steel bottle）：放置液化气钢瓶的厨柜。

11. 储藏柜（cupboard for storage）：起储藏功能用的吊柜、低柜和高柜的统称。

12. 家用厨房设备五金件（hardware for kitchen facility in house）：形成厨柜构造和功能的部分。

13. 五金配件（hardware fittings）：组成厨柜结构和构造必备的部件（包含铰链、拉手、连接件、滑轨、吊码、搁板销、调整脚等）。

14. 五金辅件（hardware accessory）：主要组成或增加厨柜功能的可选部件（包含各种拉篮、垃圾桶、米箱、挂件、调味架、转角盘、刀架等）。

15. 家用厨房电器（home electric's appliance in kitchen）：在厨房中参与烹饪、清洁和储藏等的各种家用电器（包含吸油烟机、灶具、洗碗机、消毒碗柜、冰箱、微波炉、烤箱和电饭煲等）。

三、按结构和构造命名的部件术语

1. 柜体（cabinet body）：组成厨柜的基本框架。

2. 开放柜（opening board）：无门板的厨柜的统称。

3. 台面（table board）：是构成家用厨房操作台的上面部分，属于低柜的一部分。

4. 顶板（top board）：组成吊柜或高柜柜体顶面的板。

5. 底板（bottom board）：组成柜体底面的板。

6. 侧板（side board）：组成柜体两侧的板。

7. 背板（back board）：组成柜体背面的板。

8. 搁板（shelf）：把柜体空间分成两部分以上并主要起置物作用的板件。

9. 挡板（block board）：用于加固和支撑柜体的条板。

10. 侧封板（sip block board）：起装饰和填缝作用的侧立板件。

11. 调整板（adjustment board）：在转角或厨柜空隙处起填补和调整尺寸等作用的板件。

12. 踢脚板（accessorize board）：安装在低柜或高柜底部封挡调整脚并起装饰作用的板件。

13. 上线板（top decoration board）：安装在吊柜或高柜顶部前缘的装饰板。

14. 下线板（tow decoration board）：安装在吊柜底部前缘的装饰板。

15. 封顶板（connection board）：厨柜顶部与厨房顶面之间连接的板件。

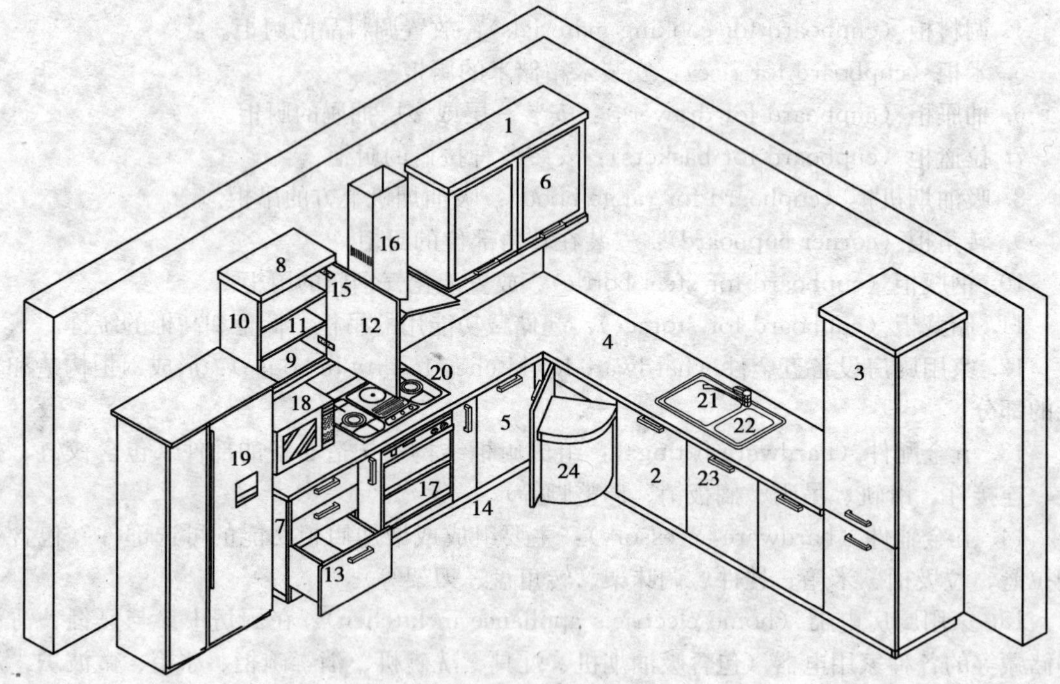

厨柜各部件示意图（部分）

1—吊柜　2—低柜　3—高柜　4—台面　5—转角柜　6—开放柜

7—柜体　8—顶板　9—底板　10—侧板　11—搁板　12—门板　13—抽屉

14—踢脚板　15—铰链　16—吸油烟机　17—消毒碗柜　18—微波炉　19—冰箱

20—灶具　21—水嘴　22—水槽　23—拉手　24—垃圾桶

16. 吊码（hardware for wall cupboard installation）：用于吊挂吊柜的五金件。
17. 柜体连接件（hardware link）：安装厨柜时连接柜体之间的五金件。
18. 组装连接件（installation link）：把柜体的各部件组装成柜体的五金件。
19. 调整脚（adjustment support）：支撑低柜或高柜并调节高低的部件。
20. 后挡水（water-proof board）：台面上靠墙处起挡水和装饰作用的部件。

附录 2

厨房主要用具、电器尺寸举例

1. 水槽

图例	规格数据
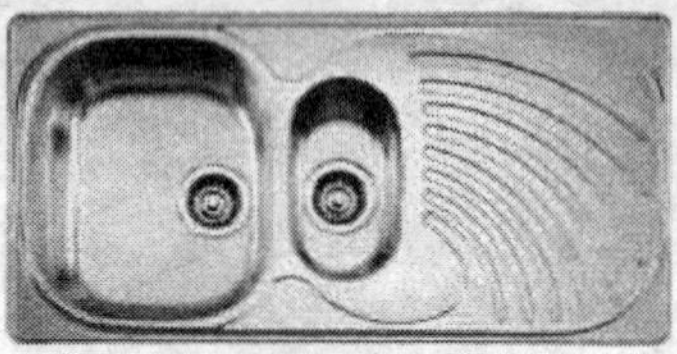	规格：980 mm×500 mm×190 mm 开孔尺寸：964 mm×484 mm 材质：不锈钢（丝光/麻面）
	规格：615 mm×500 mm×190 mm 开孔尺寸：599 mm×484 mm 材质：不锈钢（丝光/麻面）
	规格：980 mm×500 mm×190 mm 开孔尺寸：964 mm×484 mm 材质：不锈钢（丝光/麻面）
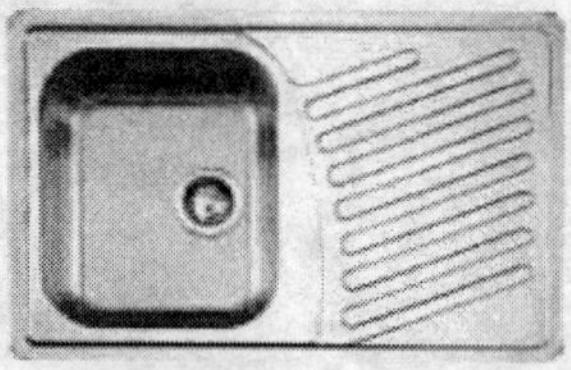	规格：810 mm×510 mm×195 mm 开孔尺寸：796 mm×496 mm 材质：不锈钢（丝光/麻面）
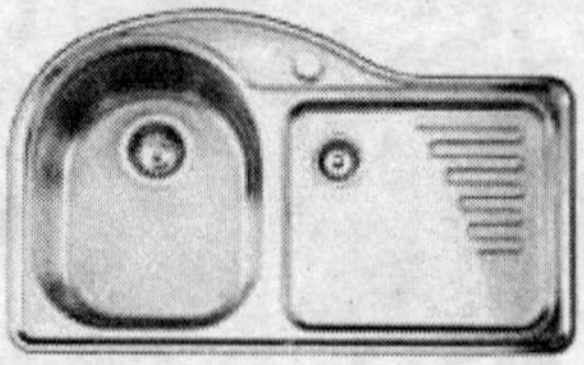	规格：845 mm×510 mm×200 mm /205 mm 材质：不锈钢（丝光/花岗岩）

续表

图例	规格数据
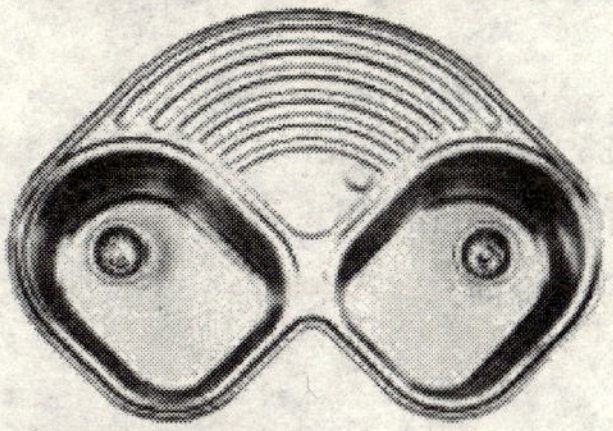	规格：830 mm×830 mm×200 mm 材质：不锈钢（丝光/麻面）
	规格：730 mm×510 mm×200 mm 材质：不锈钢（丝光/麻面）
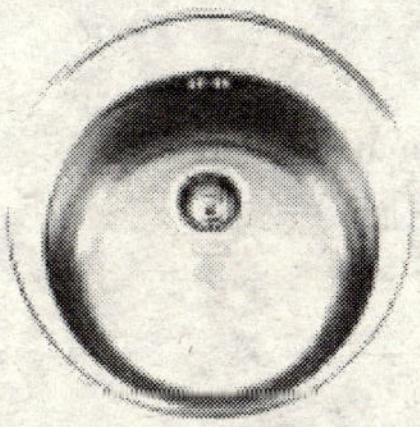	规格：510 mm×190 mm 材质：不锈钢（丝光/麻面）
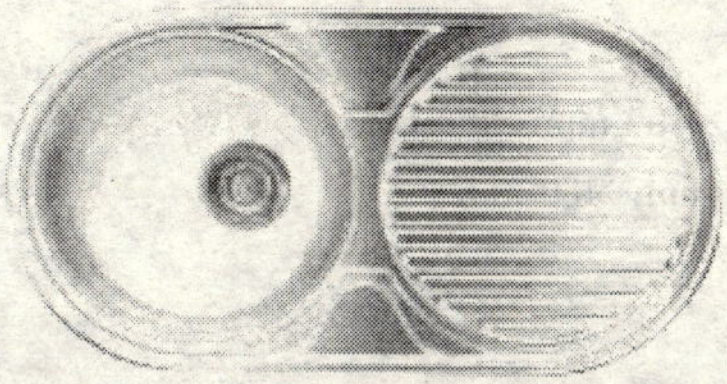	规格：847 mm×444 mm×170 mm /165 mm 材质：不锈钢（丝光/麻面）
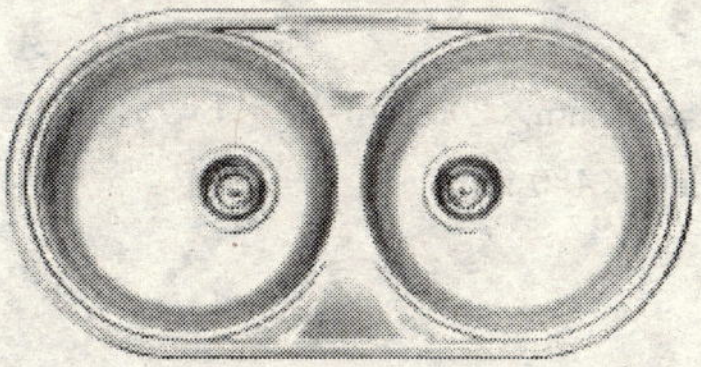	规格：847 mm×444 mm×160 mm /170 mm 材质：不锈钢（丝光/麻面）
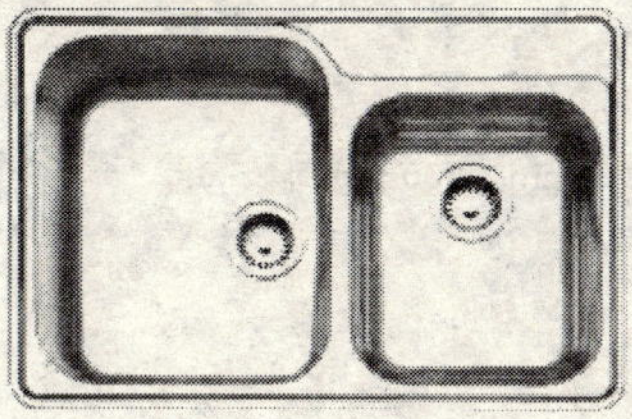	规格：840 mm×560 mm×265 mm /195 mm 开孔尺寸：816 mm×536 mm 材质：不锈钢（丝光/麻面）

续表

图例	规格数据
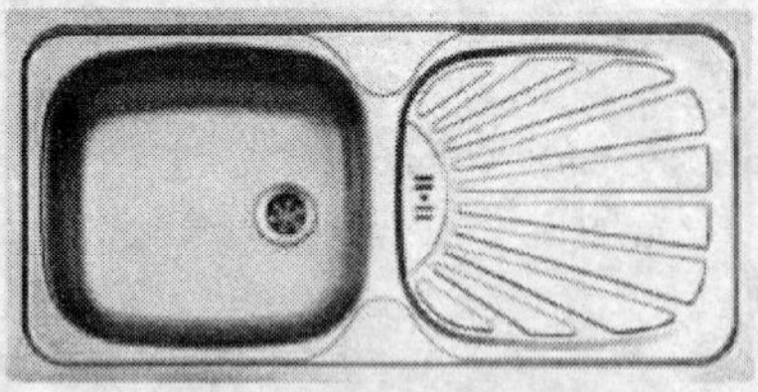	规格：860 mm×435 mm×170 mm 开孔尺寸：840 mm×415 mm 材质：不锈钢（丝光/麻面）
	规格：465 mm×465 mm×190 mm 开孔尺寸：450 mm×450 mm 材质：不锈钢（丝光/麻面）
	规格：1 200 mm×600 mm×265 mm 材质：不锈钢（丝光/麻面）
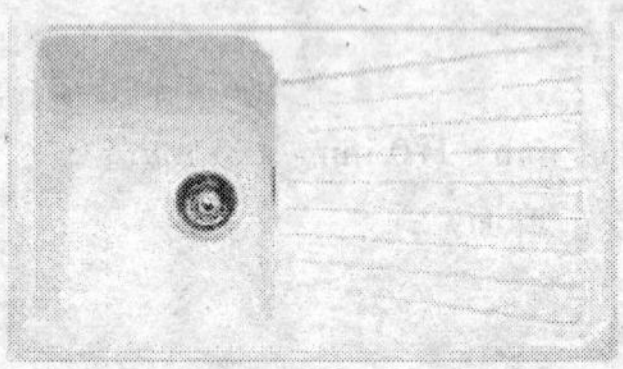	规格：960 mm×500 mm×200 mm 开孔尺寸：840 mm×480 mm 材质：花岗岩
	规格：990 mm×500 mm×200 mm 开孔尺寸：970 mm×480 mm 材质：花岗岩
	规格：980 mm×503 mm×200 mm 材质：花岗岩

续表

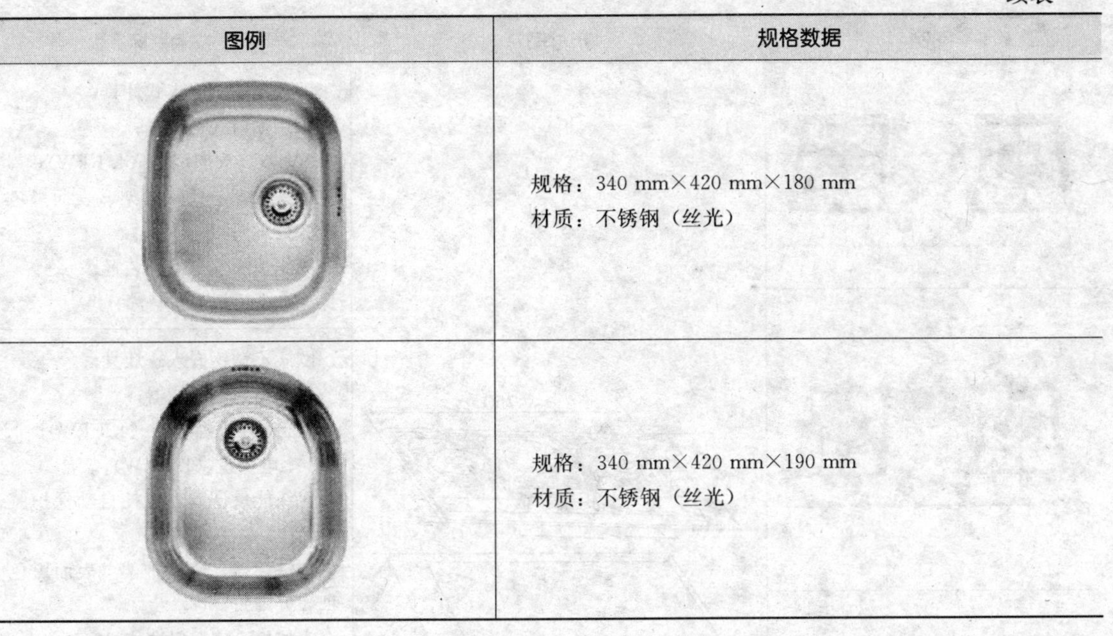

图例	规格数据
	规格：340 mm×420 mm×180 mm 材质：不锈钢（丝光）
	规格：340 mm×420 mm×190 mm 材质：不锈钢（丝光）

2. 燃气灶具

图例	尺寸图	技术指标
		2 个三环火燃烧器（3.5 kW）； 搪瓷火盖、搪瓷护架； 火焰熄火安全保护装置； 上面进风； 3 V 电池点火/220 V 交流电点火
	720 504 45 475 640	1 个三环火燃烧器（3.5 kW）； 1 个快速辅助燃烧器（2.5 kW）； 1 个辅助燃烧器材（1 kW）； 搪瓷火盖、搪瓷护架； 火焰熄火安全保护装置； 上面进风； 3 V 电池点火/220 V 交流电点火
		2 个三环火燃烧器（3.5 kW）； 1 个快速燃烧器； 搪瓷火盖、搪瓷护架； 火焰熄火安全保护装置； 上面进风； 3 V 电池点火/220 V 交流电点火

续表

图例	尺寸图	技术指标
		欧式不锈钢嵌入式灶具； 采用喷射式燃烧器； 2 个双环火燃烧器（4.1 kW）； 铸铁火盖、铸铁护架（表面黑色搪瓷处理）； 火焰熄火安全保护装置； 完全上进风
	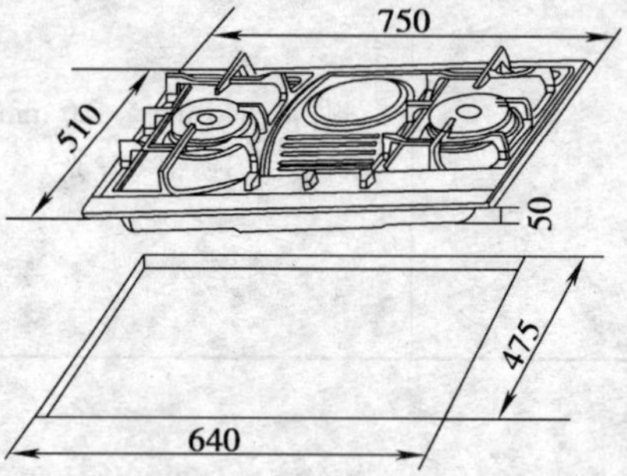	欧式不锈钢嵌入式灶具； 采用喷射式燃烧器； 2 个双环火燃烧器（4.1 kW）； 1 个电炉盘（1.5 kW）； 无级能量调器，温控自动保护装置； 铸铁火盖、铸铁护架（表面黑色搪瓷处理）； 火焰熄火安全保护装置； 完全上进风
		欧式不锈钢嵌入式灶具； 采用喷射式燃烧器； 2 个双环火燃烧器（4.1 kW）； 1 个辅助燃烧器； 铸铁火盖、铸铁护架（表面黑色搪瓷处理）； 火焰熄火安全保护装置； 完全上进风
	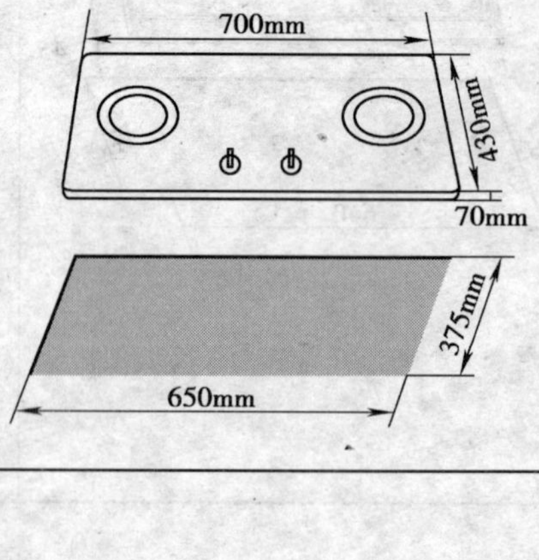	不锈钢灶具； 采用喷射式燃烧器； 2 个双环火燃烧器（4.1 kW）； 火焰熄火安全保护装置； 完全上进风； 3 V 电池点火

续表

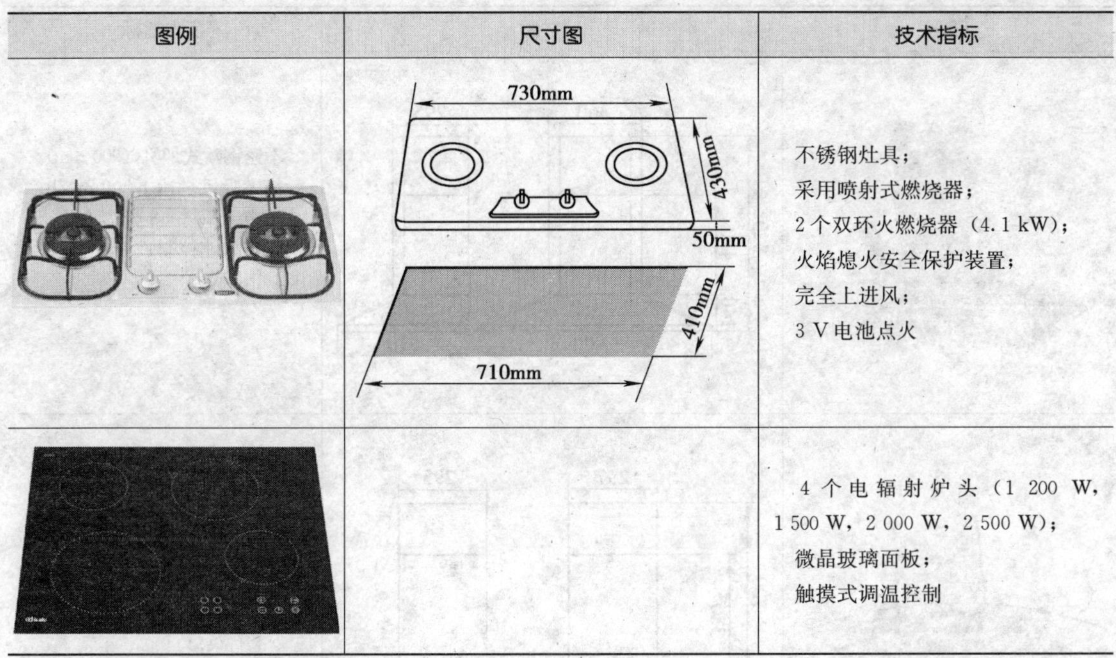

图例	尺寸图	技术指标
		不锈钢灶具； 采用喷射式燃烧器； 2 个双环火燃烧器（4.1 kW）； 火焰熄火安全保护装置； 完全上进风； 3 V 电池点火
		4 个电辐射炉头（1 200 W，1 500 W，2 000 W，2 500 W）； 微晶玻璃面板； 触摸式调温控制

3．吸油烟机

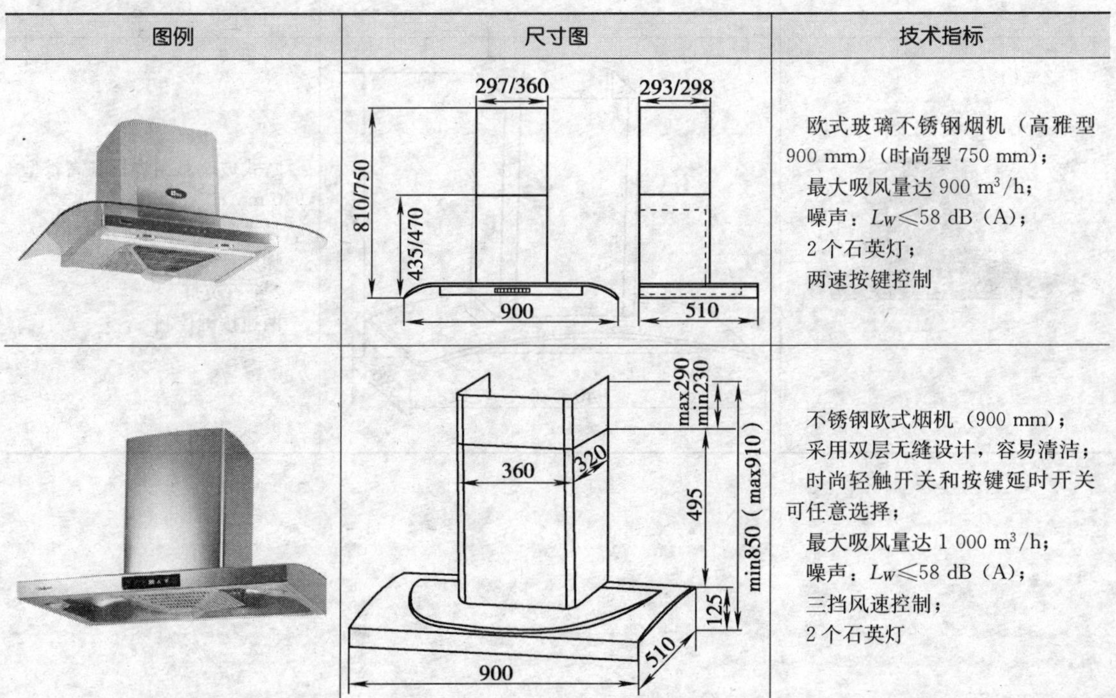

图例	尺寸图	技术指标
		欧式玻璃不锈钢烟机（高雅型 900 mm）（时尚型 750 mm）； 最大吸风量达 900 m³/h； 噪声：$L_W \leqslant 58$ dB（A）； 2 个石英灯； 两速按键控制
		不锈钢欧式烟机（900 mm）； 采用双层无缝设计，容易清洁； 时尚轻触开关和按键延时开关可任意选择； 最大吸风量达 1 000 m³/h； 噪声：$L_W \leqslant 58$ dB（A）； 三挡风速控制； 2 个石英灯

续表

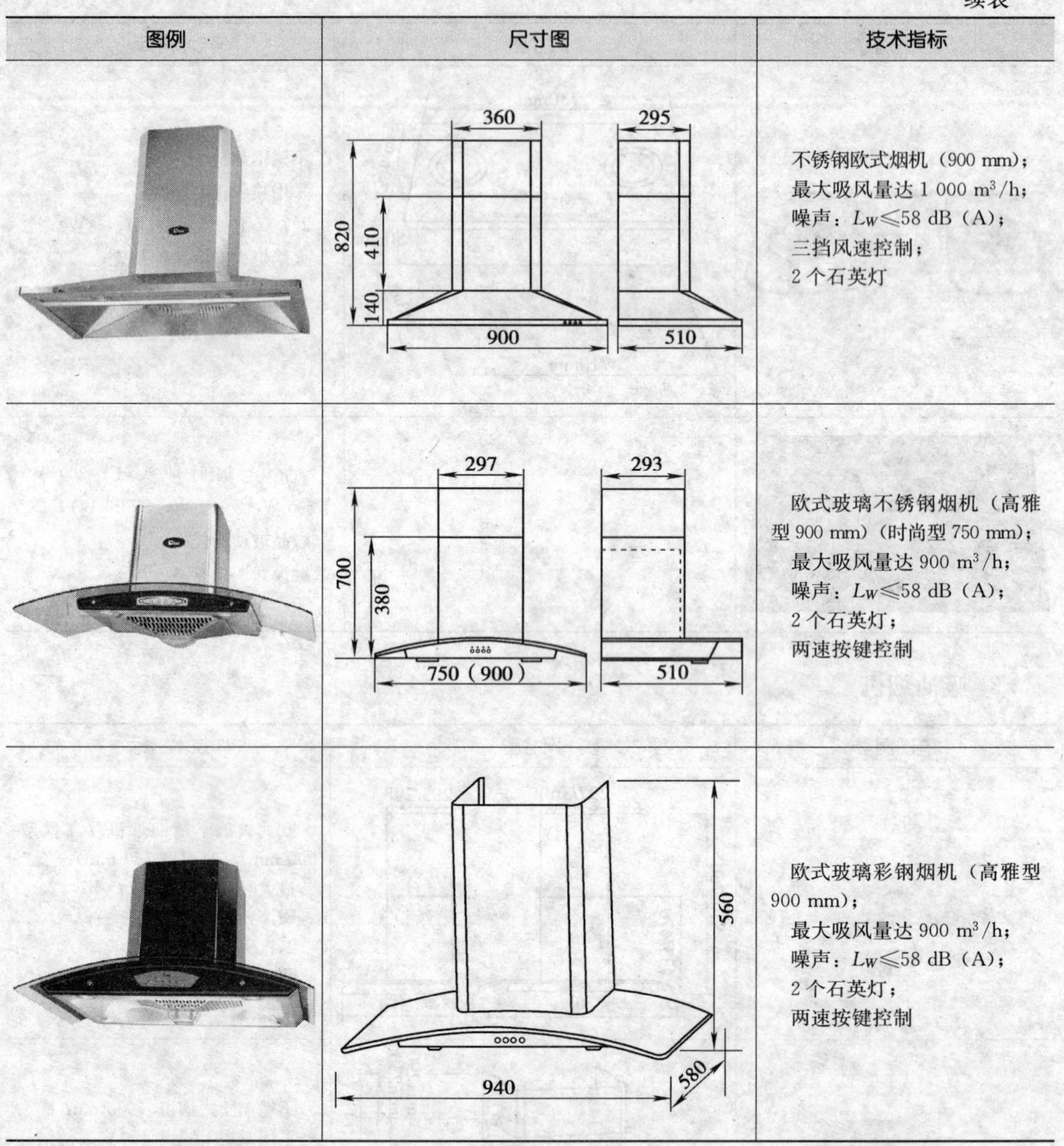

图例	尺寸图	技术指标
	360 295 820 410 140 900 510	不锈钢欧式烟机（900 mm）； 最大吸风量达 1 000 m^3/h； 噪声：$L_W \leqslant 58$ dB（A）； 三挡风速控制； 2 个石英灯
	297 293 700 380 750（900） 510	欧式玻璃不锈钢烟机（高雅型 900 mm）（时尚型 750 mm）； 最大吸风量达 900 m^3/h； 噪声：$L_W \leqslant 58$ dB（A）； 2 个石英灯； 两速按键控制
	560 940 580	欧式玻璃彩钢烟机（高雅型 900 mm）； 最大吸风量达 900 m^3/h； 噪声：$L_W \leqslant 58$ dB（A）； 2 个石英灯； 两速按键控制

4．消毒柜

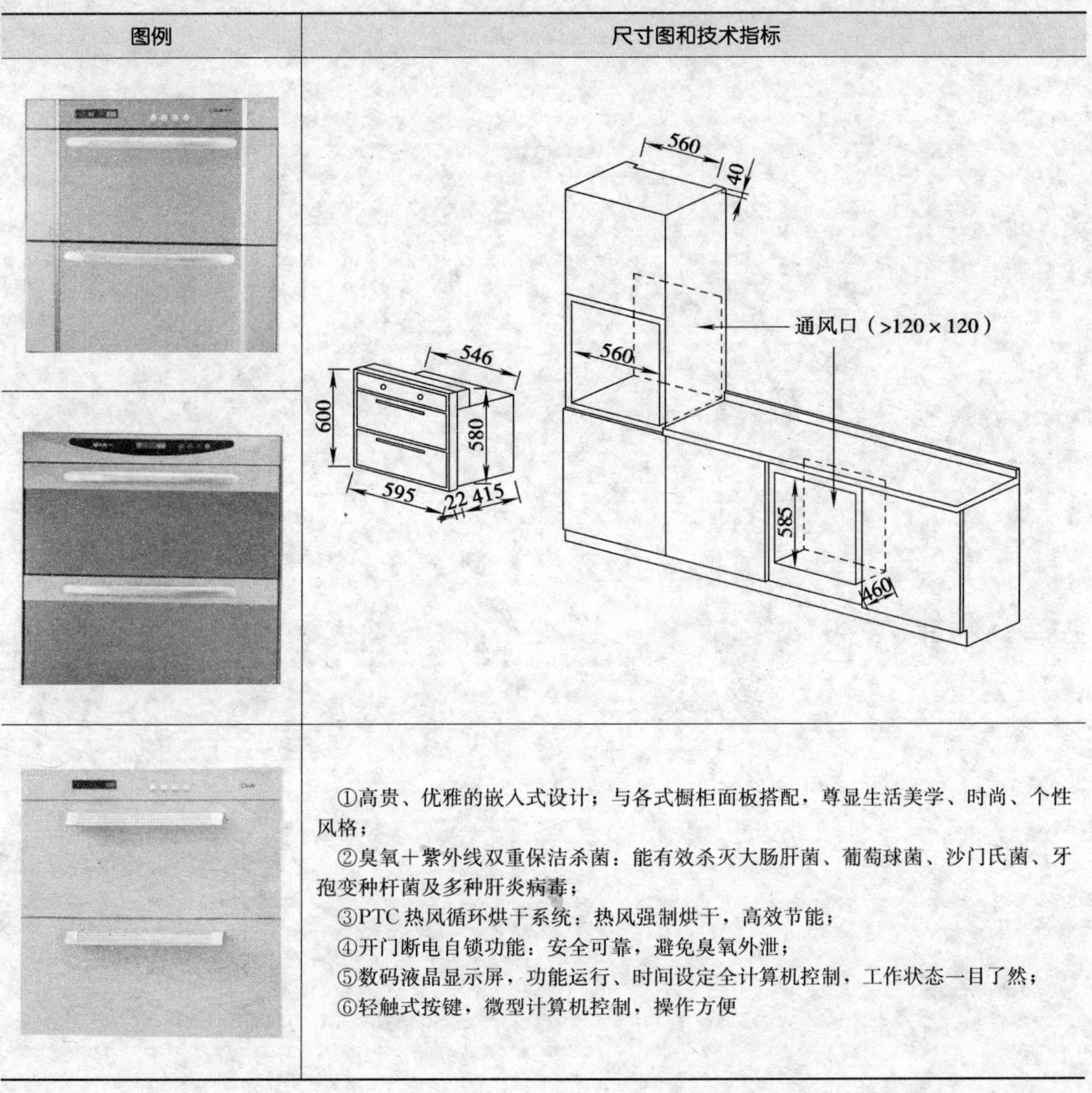

图例	尺寸图和技术指标
	①高贵、优雅的嵌入式设计；与各式橱柜面板搭配，尊显生活美学、时尚、个性风格； ②臭氧＋紫外线双重保洁杀菌：能有效杀灭大肠肝菌、葡萄球菌、沙门氏菌、牙孢变种杆菌及多种肝炎病毒； ③PTC 热风循环烘干系统：热风强制烘干，高效节能； ④开门断电自锁功能：安全可靠，避免臭氧外泄； ⑤数码液晶显示屏，功能运行、时间设定全计算机控制，工作状态一目了然； ⑥轻触式按键，微型计算机控制，操作方便